北交所案例解析

李浩◎主编

BSE

Case analysis of
Beijing Stock Exchange

中国经济出版社
CHINA ECONOMIC PUBLISHING HOUSE
北 京

图书在版编目（CIP）数据

北交所案例解析 / 李浩主编 . --北京：中国经济出版社，2023. 5

ISBN 978-7-5136-7318-1

Ⅰ. ①北… Ⅱ. ①李… Ⅲ. ①中小企业-股票上市-案例-中国 Ⅳ. ①F279. 246

中国国家版本馆 CIP 数据核字（2023）第 082623 号

策划编辑　赵静宜
责任编辑　丁　楠
责任印制　马小宾
封面设计　久品轩

出版发行　中国经济出版社
印 刷 者　北京富泰印刷有限责任公司
经 销 者　各地新华书店
开　　本　710mm×1000mm　1/16
印　　张　16. 25
字　　数　244 千字
版　　次　2023 年 5 月第 1 版
印　　次　2023 年 5 月第 1 次
定　　价　69. 80 元
广告经营许可证　京西工商广字第 8179 号

中国经济出版社 **网址** www. economyph. com **社址** 北京市东城区安定门外大街 58 号 **邮编** 100011
本版图书如存在印装质量问题，请与本社销售中心联系调换（联系电话：010-57512564）

前言

习近平总书记在2021年中国国际服务贸易交易会全球服务贸易峰会上宣布：深化“新三板”改革，设立北京证券交易所（以下简称“北交所”），打造服务创新型中小企业主阵地。北交所是中国资本市场的重要组成部分。北交所的设立，意味着时隔30年，继沪、深两大交易所后又迎来一个全国性证券交易所，是深化新三板和资本市场改革的又一重大举措。

北交所的定位是服务于创新型中小企业，尤其为“专精特新”中小企业提供了更为专业的直接融资平台，完善了服务“专精特新”中小企业创新发展的全链条资本市场体系，有助于缓解中小企业融资难、融资贵的问题，以资本助力“专精特新”中小企业快速迭代壮大，对我国推进科技创新与产业升级、促进经济结构调整起到了积极作用。

近年来，针对国际上不断出现的贸易摩擦和技术壁垒，核心竞争力已成为未来发展不可回避的话题。技术革命与创新创造能力不断改变着生活方式和经济结构，国家持续加大对创新型中小企业的支持力度，使这些企业能够以在北交所上市为目标，集中精力关注企业自身发展和科研创新问题，不断提升全球竞争力。北交所的设立，就是为了重点关注创新型中小企业，培育出一批专精特新“小巨人”企业，绕开被国外技术“卡脖子”的问题，发挥科技创新在制造大国中的作用。截至2022年8月，北交所上市公司已超过100家，总市值约2000亿元。随着北交所的进一步扩容，未来上市公司数量仍将不断增长，甚至会带动新三板市场的再次繁荣。

证券交易所对优秀企业的培育与促进有积极的作用。对于企业而言，上市是一项系统工程。无论是国有企业，还是民营企业，无论是行业龙头，还是新兴企业，都应遵循企业发展的规律，尊重市场规则，在企业发展到一定阶段时，需要通过融资的方式促进企业进入发展的快车道。企业上市的过程，就是从封闭型公司转变为开放型公司，从非公众公司转变为公众公司的过程，随着公司性质的变化，股东数量将会大幅度增加，公司的事情就不再是几个创始股东自己的事，而是关系到广大公众投资者乃至全社会的利益，因此必须建立起与公众相匹配的现代企业治理结构和制度，合规经营，规范财务，保护中小股权的合法权益，按照真实、准确、完整、及时的原则对影响投资者决策或公司股票价格的信息进行公开披露，并承担与上市公司地位相适应的社会责任。

为此，我们一直在思考，如何让广大的企业经营者了解上市规则，早做规划，不再认为企业上市是遥不可及的，而是可以通过长期的发展规划来实现的。在这个过程中，我们可以提前从上市审核的角度进行分析，判断企业自身存在哪些问题，其他企业上市过程中会遇到哪些障碍，从而为企业自身发展提供可借鉴的参考依据。因此，我们编写了《北交所案例解析》一书，主要从案例的角度对企业在北交所上市过程中遇到的问题进行分析。本书结合北交所申报案例，既包括成功案例，也包括失败案例，从正反两方面看待上市过程中的反馈与回复，从而更加全面地认识上市、了解上市。本书有助于帮助读者朋友了解进入资本市场过程中可能遇到的问题，并探讨解决办法。

需要说明的是，每个企业发展历程不尽相同，这里我们仅对一些共性的问题进行剖析，而无法解决每个企业个性化的问题。若读者朋友有更多的问题或者希望与作者面对面交流，欢迎与我们联系。我们将竭诚提供支持与服务。最后，由于本书编写时间和水平所限，难免存在疏漏和不足之处，敬请读者朋友提出宝贵的意见和建议，未来我们将做得更好。

目 录

第一章 北交所上市概述

第二章 股权结构相关案例

第三章 业务经营相关案例

第四章 公司治理相关案例

第七章 其他相关案例

第一章

北交所上市概述

在我国对企业首次公开募股（IPO）的审核标准中，主板、创业板、科创板和北交所分别执行各自的发行条件，即存在四套发行审核标准。审核标准是一个庞大的完整体系，涉及内容非常复杂，审核依据也分散在众多相关法律文件、监管问答和内部指导标准中。各套标准都涉及法律、财务和业务三大领域，具体审查内容包括公司的基本情况和历史沿革、独立性、业务和技术情况、关联交易和同业竞争、董事监事和高级管理人员、公司治理、财务与会计、业务发展目标、募集资金用途等各个方面。

以北交所为例，上市规则分散在《北京证券交易所向不特定合格投资者公开发行股票注册管理办法（试行）》《北京证券交易所股票上市规则（试行）》《北京证券交易所向不特定合格投资者公开发行股票并上市业务规则适用指引第 1 号》等文件中。有些人把北交所上市的财务指标当成上市标准，甚至将上市标准直接简化为对公司收入或利润的具体指标，这是失之偏颇的。固然企业上市需要以一定财务指标作为前提，具备一定的规模和盈利能力，但除此之外，在北交所上市审核过程中，还涉及很多非财务指标方面的问题，这些问题同样可能构成企业上市的障碍。

因此，北交所上市是一项系统工程，在满足财务指标的前提下，公司治理、业务经营等各方面只有都满足上市要求的，才能顺利上市。以下就北交所上市条件进行简要的总结。

一、北交所上市条件

北交所上市条件主要包括公司市值及财务指标、行业属性、公司主体、经营合规性等。

（一）市值及财务指标

关于财务指标，北交所根据企业的预计市值制定了4套具体标准，计划上市的企业至少应符合其中一项。

（1）预计市值不低于人民币2亿元，最近两年净利润均不低于人民币1500万元，加权平均净资产收益率不低于8%；或者最近一年净利润不低于人民币2500万元，加权平均净资产收益率不低于8%。

（2）预计市值不低于人民币4亿元，最近两年营业收入平均不低于人民币1亿元，最近一年营业收入增长率不低于30%，且最近一年经营活动产生的现金流量净额为正。

（3）预计市值不低于人民币8亿元，最近一年营业收入不低于人民币2亿元，且最近两年研发投入占最近两年营业收入的比例不低于8%。

（4）预计市值不低于人民币15亿元，且最近两年研发投入合计不低于人民币5000万元。

（二）其他条件

1. 行业限制

不得属于下列限制性行业。

（1）产能过剩行业。

（2）《产业结构调整指导目录》中规定的限制类、淘汰类行业。

（3）金融业、房地产业、学前教育、学科类培训企业等金融和类金融企业。

2. 主体条件

发行人应为在全国股转系统（新三板）连续挂牌满12个月的创新层挂牌公司。

3. 股权分散度

（1）最近一年期末净资产不低于5000万元。

（2）公开发行的股份不少于100万股，发行对象不少于100人。

（3）公开发行后，公司股本总额不少于 3000 万元；公司股东人数不少于 200 人，公众股东持股比例不低于公司股本总额的 25%；公司股本总额超过 4 亿元的，公众股东持股比例不低于公司股本总额的 10%。

4. 不存在下列情形

（1）最近 36 个月内，发行人及其控股股东、实际控制人存在贪污、贿赂、侵占财产、挪用财产或者破坏社会主义市场经济秩序的刑事犯罪，存在欺诈发行、重大信息披露违法或者其他涉及国家安全、公共安全、生态安全、生产安全、公众健康安全等领域的重大违法行为。

（2）最近 12 个月内，发行人及其控股股东、实际控制人、董事、监事、高级管理人员受到中国证券监督管理委员会（以下简称“中国证监会”）及其派出机构行政处罚，或因证券市场违法违规行为受到全国股转公司、证券交易所等自律监管机构公开谴责。

（3）发行人及其控股股东、实际控制人、董事、监事、高级管理人员因涉嫌犯罪正被司法机关立案侦查或涉嫌违法违规正被中国证监会及其派出机构立案调查，尚未有明确结论意见。

（4）发行人及其控股股东、实际控制人被列入失信被执行人名单且情形尚未消除。

（5）最近 36 个月内，未按照《中华人民共和国证券法》和中国证监会的相关规定在每个会计年度结束之日起 4 个月内编制并披露年度报告，或者未在每个会计年度的上半年结束之日起 2 个月内编制并披露中期报告。

（6）中国证监会和北交所规定的，对发行人经营稳定性、直接面向市场独立持续经营的能力具有重大不利影响，或者存在发行人利益受到损害等其他情形。

5. 表决权差异安排

发行人具有表决权差异安排的，该安排应当平稳运行至少一个完整会计年度，且相关信息披露和公司治理应当符合中国证监会及全国股转公司相关规定。

二、北交所上市流程

按现行规定，北交所上市前，企业应完成新三板挂牌并进入创新层持续满一年，即未挂牌的新三板企业，需要经历“新三板挂牌+北交所申报”两个阶段。每个阶段具体流程如下。

（一）新三板挂牌

1. 尽职调查

企业确定券商、会计师事务所、律师事务所、评估机构，各中介机构进行尽职调查，指导企业进行规范运作，最终企业应符合新三板挂牌的规范性要求。整体期限为1~2个月。

2. 股份制改造

企业确定股改方案，审计、评估、完成企业内部股东会决议后，进行股份制改造，并完成工商变更手续，最终将有限公司变成股份公司。整体期限约2个月。

3. 申报材料制作

会计师出具审计报告，律师出具法律意见书，券商制作公开转让说明书和推荐报告。整体期限约3个月。

4. 券商内核与申报

券商质控部门与内核小组对材料进行审核，并出具内核意见，根据内核意见补充修订申报材料，最终提交全国股转系统申报。整体期限约1个月。

5. 备案挂牌

全国股转系统受理材料后进行审核，并针对材料出具反馈意见，最终由全国股转系统出具挂牌同意函，企业完成挂牌。整体期限约3个月。

（二）北交所申报

企业在新三板挂牌满12个月后（基础层与创新层时间累积计算）才

能向北交所提交资料，北交所过会并经中国证监会注册后，企业可公开发行股票并上市。北交所上市流程如下。

1. 辅导阶段

辅导阶段的主要事项包括确定上市方案，进行辅导备案，券商对企业开展上市辅导。

2. 申报阶段

申报阶段的主要事项包括补充尽职调查、审计评估、准备募投项目、拟定申报文件。

3. 审核阶段

审核阶段的主要事项包括向北交所递交申报材料、反馈意见的回复、北交所上市委员会表决，以及表决通过后办理注册流程。

4. 发行阶段

发行阶段的主要事项包括路演、定价和配售发行工作。

5. 上市阶段

上市阶段的主要事项包括核准上市，完成股票发行上市。

上述整体申报阶段时长为6~8个月。随着申报北交所上市的企业数量的增加，后续上市审核排队时间可能会有所延长。

三、北交所上市费用

企业上市费用包括支付给券商、会计师事务所、律师事务所等中介机构的费用，以及企业自身规范的税务成本、社保成本、上市筹备费用等，具体如下。

（一）中介机构费用

目前，新三板挂牌费用为170万~200万元，企业在新三板挂牌期间的持续督导费（含审计）大约为30万元/年。

北交所上市的主要费用为承销费，该费用按募集资金的一定比例收取。除此之外，还有券商辅导保荐费、会计师审计费、律师费等。参考已在精选层挂牌的企业，北交所发行上市费用（含券商、会计师、律师、发行费）为1500万~2000万元，具体与企业所在行业、企业规模、子公司数量、规范程度等相关。

相比于沪深交易所上市的平均费用5000万~6000万元，北交所上市的费用较低，当然这与北交所上市企业的募集资金量较小有关。

（二）其他成本与费用

除上述中介机构费用外，北交所上市还包括很多隐性成本，企业需要考虑的规范成本与费用主要包括：税务成本、社保成本、高级管理人员报酬以及披露成本等。

（1）税务成本：企业改制前可能需要补缴部分税款，主要为三年内未严格按税法缴纳的企业所得税。

（2）社保成本：针对企业存在劳动用工不规范的问题，如降低社保基数、少报用工人数等，要求企业在提交申请前补足五险一金。

（3）高级管理人员报酬：上市会导致高级管理人员增加，企业不得不安排更多的董事会成员、监事会成员和高级管理人员。

（4）披露成本：严格的信息披露要求，使得公司的基本经营情况被公开，给竞争对手一个窥探公司内部信息的机会。

四、上市后管理

企业上市后，信息披露是日常经营中涉及的主要问题，披露事项包括定期报告、业绩预告、业绩快报和重大交易等。企业根据自身发展需要，符合条件的可以申请转板至上交所科创板或深交所创业板；若不再符合上市条件，会从北交所退市并转入退市公司板块。

（一）信息披露

1. 一般规定

（1）披露事项。

上市公司及相关信息披露义务人可以自愿披露与投资者做出价值判断和投资决策有关的信息。

上市公司拟披露的信息属于商业秘密、商业敏感信息，按照本规则披露或者履行相关义务可能引致不当竞争、损害公司及投资者利益或者误导投资者的，可以暂缓或者豁免披露该信息。

上市公司应当充分披露行业经营信息，以及可能对公司核心竞争力、经营活动和未来发展产生重大不利影响的风险因素，便于投资者合理决策。公司尚未盈利的，应当充分披露尚未盈利的成因，以及对公司现金流、业务拓展、人才吸引、团队稳定性、研发投入、战略性投入、生产经营可持续性等方面的影响。

上市公司控股子公司发生需要披露的重大事项，视同上市公司的重大事项，应予披露。上市公司参股公司发生重大事项时，可能对上市公司股票交易价格或投资者决策产生较大影响的，应当进行信息披露。

（2）披露时点。

上市公司应当在重大事项最先触及下列任一时点后，及时履行首次披露义务：董事会或者监事会做出决议时，有关各方签署意向书或协议时，董事、监事或者高级管理人员知悉或应当知悉该重大事件发生时。

上市公司筹划的重大事项存在较大不确定性，立即披露可能会损害公司利益或者误导投资者，且有关内幕信息知情人已书面承诺保密的，公司可以暂不披露，但最迟应当在该重大事项形成最终决议、签署最终协议、交易确定能够达成时对外披露。

相关信息确实难以保密、已经泄露或者出现市场传闻，导致上市公司股票交易价格发生大幅波动的，应当立即披露相关筹划和进展情况。

上市公司和相关信息披露义务人确有需要的，可以在非交易时段对外发布重大信息，但应当在下一交易时段开始前披露相关公告，不得以新闻发布或者答记者问等形式替代信息披露。

2. 定期报告

上市公司应当在规定的期限内编制并披露定期报告，在每个会计年度结束之日起 4 个月内编制并披露年度报告，在每个会计年度的上半年结束之日起 2 个月内编制并披露中期报告，在每个会计年度前 3 个月、9 个月结束后的 1 个月内编制并披露季度报告。第一季度报告的披露时间不得早于上一年的年度报告。

公司预计不能在规定期限内披露定期报告的，应当及时向北交所报告，并公告不能按期披露的原因、解决方案及延期披露的最后期限。

3. 业绩预告和业绩快报

上市公司预计不能在会计年度结束之日起 2 个月内披露年度报告的，应当在该会计年度结束之日起 2 个月内披露业绩快报。业绩快报中的财务数据包括但不限于营业收入、净利润、总资产、净资产以及净资产收益率。

上市公司在年度报告披露前，预计上一会计年度净利润发生重大变化的，应当在北交所规定的时间内进行业绩预告；预计半年度和季度净利润发生重大变化的，可以进行业绩预告。业绩预告应当披露净利润的预计值以及重大变化的原因。重大变化的情形包括净利润同比变动超过 50% 且大于 500 万元、发生亏损或者由亏损变为盈利。

4. 重大交易

上市公司发生的交易（除提供担保、提供财务资助外）达到下列标准之一的，应当及时披露。

（1）交易涉及的资产总额占上市公司最近一期经审计总资产的 10% 以上。

（2）交易的成交金额占上市公司市值的 10% 以上。

（3）交易标的（如股权）最近一个会计年度资产净额占上市公司市值的 10% 以上。

（4）交易标的（如股权）最近一个会计年度相关的营业收入占上市公司最近一个会计年度经审计营业收入的 10% 以上，且超过 1000 万元。

（5）交易产生的利润占上市公司最近一个会计年度经审计净利润的10%以上，且超过150万元。

（6）交易标的（如股权）最近一个会计年度相关的净利润占上市公司最近一个会计年度经审计净利润的10%以上，且超过150万元。

5. 关联交易

关联交易应当具有商业实质、价格公允，不得偏离市场独立第三方的价格，不得利用关联交易进行利益输送或利润调节，不得隐瞒关联关系。上市公司发生符合以下标准的关联交易（除提供担保外）时，应当及时披露。

（1）公司与关联自然人发生的成交金额在30万元以上的关联交易。

（2）与关联法人发生的成交金额占公司最近一期经审计总资产或市值0.2%以上的交易，且超过300万元。

6. 其他重大事项

应予披露的其他重大事项包括股票异常波动和传闻澄清，股份质押和司法冻结，重大诉讼、仲裁等。

（1）股票异常波动和传闻澄清。公司应当于次一交易日开盘前披露异常波动公告。如次一交易日开盘前无法披露，上市公司应当向北交所申请停牌直至披露后复牌。

（2）股份质押和司法冻结。上市公司任一股东所持公司5%以上的股份被质押、冻结、司法拍卖、托管、设定信托或者被依法限制表决权的，应当及时通知公司并予以披露。

（3）重大诉讼、仲裁。下列案件应予披露：涉案金额超过1000万元，且占公司最近一期经审计净资产绝对值的10%以上；股东大会、董事会决议被申请撤销或者宣告无效；可能对公司控制权稳定、生产经营或股票交易价格产生较大影响的其他诉讼、仲裁等。

（二）转板

1. 一般规定

北交所上市公司转板制度于2022年1月正式落地，目前已转板的企业有观典防务（688287），其是北交所转板科创板的第一股，泰祥股份（301192）是北交所转板创业板的第一股。

北交所上市公司申请转板，应当已在北交所上市满一年；转板条件应当与首次公开发行并在上交所、深交所上市的条件保持基本一致，上交所、深交所可以根据监管需要提出差异化要求。

2. 转板程序

转板属于股票上市地的变更，不涉及股票公开发行，依法无须经中国证监会核准或注册，由上交所、深交所依据其上市规则进行审核并做出决定。具体包括如下内容。

（1）企业履行内部决策程序后提出转板申请。

（2）上交所、深交所审核并做出是否同意上市的决定。

（3）企业在北交所终止上市后，在上交所或深交所上市交易。

（三）退市

退市分为主动退市与强制退市。

主动退市是企业自主决定终止上市，常见情形包括公司解散、注销合并等，转板上市也需从北交所退市后，再从新板块上市。强制退市分为交易类、财务类、规范类、重大违法类四类，主要涉及合规性问题被强制退市。

退市后，符合新三板基础层或创新层条件的公司可退入创新层或基础层继续挂牌；不符合挂牌条件且股东人数超过 200 人的，转入全国股转公司代为管理的退市公司板块；存在重大违法情形的，转入退市公司板块。另外，若退市公司符合重新上市条件的，也可以申请重新上市。

随着注册制改革的深入推进、常态化退市机制的进一步完善，退市情形更加健全，退市效率大幅提升，退市公司数量呈现快速增加的态势。截至 2021 年底，退市板块挂牌退市公司数量已由 2013 年的 45 家增长到 83 家。2022 年 4 月，中国证监会发布了《关于完善上市公司退市后监管工作的指导意见》，北京、上海、深圳证券交易所联合发布了《关于退市公司进入退市板块挂牌转让的实施办法》，进一步完善了上市公司退市规定，以适应当前新的监管形势。

第二章

股权结构相关案例

对于股权结构的上市审核问题，重点关注的是发行人股权架构是否清晰，股东有无纠纷。

发行人及中介机构核查的内容包括历史沿革，历次股权转让、增资、减资的合规性；出资是否及时到位，股份权属是否清晰；股东以技术出资的，权属是否清晰，后续是否出现减值迹象；实际控制人是否存在影响发行人正常经营管理的情形；董事、监事、高级管理人员（简称“董监高”）的任职资格与胜任能力，离职变动情况对发行人的影响，以及员工情况，如劳动关系合规性等。

如果发行人是由国有或集体企业改制而来，还应提供主管部门同意改制的批复文件，检查是否存在国有/集体资产流失的情形，以及改制后企业运营的独立性。

对于发行人是外商投资企业的，注意外汇流转及使用的合法合规性；涉及红筹架构的，应提供红筹架构形成及拆除的相关资料。

对于发行人存在契约型资产管理产品、契约型私募投资基金的，应核查其是否纳入国家金融监管部门的有效监管，是否按照规定履行审批、备案。

对于内部员工持股平台，调查内部职工股是否存在潜在问题和风险隐患，是否存在工会持股、职工持股会持股、信托持股或股东数量超过 200 人的情况。

发行人存在特别表决权股份或类似安排的，说明差异化表决权安排对公司治理的影响，以及对投资者的保护措施。

若发行人报告期内发生过重大资产重组，核查重组行为是否导致发行人主营业务和经营性资产发生实质变更、收购对价的公允性、税收缴纳及会计处理是否合规。

发行人有子公司的，调查发行人对子公司的管理控制状况，其在发行人业务板块中的定位、与发行人主营业务的关系、财务状况等。

以下就具体案例进行说明。

一、股权结构对公司决策机制有效性的影响：优机股份（833943）

（一）审核问题

罗辑、欧毅控制公司表决权比例相同对发行人生产经营稳定性的影响；《〈一致行动协议书〉之补充协议》约定的争议解决机制能否保证公司治理的有效性，是否可能出现“公司僵局”风险。

（二）发行人回复

罗辑、欧毅合计直接持有发行人50.10%的股份，另通过优机投资、优机创新间接控制公司3.46%股份的表决权，二人控制公司表决权的份额相同，为公司共同实际控制人。罗辑、欧毅二人作为多年合作伙伴，对于发行人经营理念、发展战略和重要事项决策均保持高度一致，未出现过因意见分歧导致无法做出有效决议的情形。报告期内，罗辑、欧毅在发行人历次董事会、股东大会的决策中均保持一致意见，历次表决过程中不存在意见分歧或违反《一致行动协议书》及其补充协议的情形。因此，罗辑、欧毅控制公司表决权比例相同，未对发行人的生产经营稳定性造成不利影响。

2021年8月17日，罗辑、欧毅签署了《〈一致行动协议书〉之补充协议》，对意见分歧的解决机制约定如下：罗辑、欧毅若对某重大事项出现意见不一致的情形时，应当在股东大会上就该事项均投反对票。为更进一步细化意见分歧解决机制，2022年1月10日，罗辑、欧毅签署了《〈一致行动协议书〉之补充协议（二）》，对意见分歧的解决机制进行了进一步约定：罗辑、欧毅若对某重大事项充分沟通后，始终无法达成一致意见，应以罗辑意见为准。该意见为最终意见，对双方均具有约束力。

《一致行动协议书》自 2009 年签署至今，已履行 12 年，罗辑、欧毅在发行人历次董事会和股东大会上的表决均保持一致，未出现过因意见分歧而导致无法做出有效决议的情形，且为进一步明确意见分歧解决机制以及提高该机制的可操作性，罗辑、欧毅分别于 2021 年 8 月 17 日和 2022 年 1 月 10 日签署了两份补充协议，并约定了《一致行动协议书》及其补充协议在双方持有四川优机实业股份有限公司的股份期间长期有效，任何一方不得单方解除；同时，罗辑、欧毅签署了《股份锁定承诺》《持股意向及减持意向相关承诺》，其持有发行人的股份将在本次发行上市后的可预见期间内保持稳定。因此上述争议解决机制能够更进一步保证公司治理的有效性。

报告期内，发行人股东大会均正常召开并有效做出决议，不存在持续两年以上无法召开股东大会的情形；发行人股东能够合法行使自己的股东权利，未出现股东大会无法召开或不能做出有效决议的情形；发行人董事会均正常召开并做出有效决议，董事会目前有 9 名董事，每名董事在董事会会议上均享有同等表决权，董事会决议由全部董事过半数通过，未有冲突情形；发行人的经营管理正常，不存在存续会使股东利益受到重大损失的情形。发行人对防范“公司僵局”已采取的应对措施包括：①建立健全公司治理结构及治理制度；②共同实际控制人签署并履行《一致行动协议书》及其补充协议；③实际控制人承诺限售股份，以保持股权稳定。

（三）分析与结论

发行人未出现“公司僵局”的情形，发行人的共同实际控制人罗辑、欧毅对争议解决机制的约定清晰、明确，具有可操作性，能够保证公司治理的有效性，不存在出现“公司僵局”的风险。

2022 年 6 月，发行人在北交所成功上市。

二、实际控制人的认定：壹创国际(839120)

（一）审核问题

说明天健地产是否曾实际控制发行人，报告期内实际控制人是否发生变动；说明表决权委托协议是否会对发行人实际控制人的认定和公司治理产生影响。

（二）发行人回复

2019 年 11 月 21 日前，发行人定向发行股票程序未完成，天健地产尚未取得其认购的股份，且天健地产并未实际支付投资款，前海添富出具的表决权委托书亦未生效，天健地产不享有表决权。2019 年 11 月 21 日至 2020 年 7 月 14 日，前海添富将表决权委托给天健地产行使，但壹创国际向天健地产定向发行股票的程序尚未完成，天健地产仅持有 11593900 股表决权（占壹创国际股东大会表决权的 39.84%），低于严定刚持有的 14418000 股表决权（占壹创国际股东大会表决权的 49.55%），且此期间天健地产未出席公司的股东大会，未代表前海添富在公司行使投票表决权，亦未提名公司董事、监事、高级管理人员，公司的管理经营事宜仍由严定刚决定。2020 年 7 月 15 日至 2020 年 10 月 29 日，前海添富与天健地产签署《表决权委托终止协议》，此时发行人定向发行股票程序尚未完成，天健地产尚未取得其认购的股份，未获得其对应表决权，此期间严定刚持有发行人 89.38%的表决权。

自 2020 年 10 月 30 日至今，天健地产持有的发行人股东大会表决权为 20%左右，严定刚持有的发行人股东大会表决权为 70%左右，发行人的实际控制人为严定刚。综上所述，天健地产未实际控制发行人，报告期内发行人的实际控制人为严定刚，未发生变动。

2019 年 7 月 16 日，天健地产与前海添富签署了《股东大会表决权委托书》，2019 年 10 月 25 日，前海添富与天健地产重新签署了《股东大会表决权委托书》作为对前一份表决权委托书的替代。双方约定，前海添富不可撤销委托天健地产作为其持有壹创国际股份的代理人。前海添富将表决权委托给天健地产行使，但壹创国际向天健地产定向发行股票的程序尚未完成，天健地产仅持有 11593900 股表决权（占壹创国际股东大会表决权的 39.84%），低于严定刚持有的 14418000 股表决权（占壹创国际股东大会表决权的 49.55%）。

2020 年 10 月 30 日，中国证券登记结算有限责任公司北京分公司完成发行人向天健地产定向增发的新增股份登记，天健地产成为发行人的股东，持有发行人 7275475 股表决权（占发行人股东大会表决权的 20%），低于严定刚持有的 26011900 股表决权（占发行人股东大会表决权的 71.51%）。发行人的实际控制人为严定刚，且报告期内发行人的实际控制人未发生变更；天健地产在取得前海添富表决权期间未行使过该表决权，表决权委托协议对发行人的公司治理不存在不利影响。

（三）分析与结论

上市前 24 个月内，实际控制人不得发生变更。发行人对上述股权变更和委托表决事项进行了说明，但审核部门在后续反馈中，又问到了该问题，主要内容如下：

根据申请文件及问询回复，报告期内天健地产曾对发行人发起过收购。2020 年 7 月 15 日，发行人发布终止收购公告，同时保留向天健地产定向发行股票事宜，天健地产目前持有发行人 20%的股份。终止收购协议中包含“天健地产投资款项支付满 1 年后，协议双方再行协商后续股份合作事宜”“天健地产向壹创国际提名 1 名财务副总监，50 万元以上的审批事项需经该名财务副总监审批”等条款。实际控制人严定刚直接持股比例为 27.95%，前海添富、前海壹汇、深圳添贵合计持有发行人 46.09%的股份。

请发行人进一步说明上述条款的具体含义及执行情况，关于审批事项的约定是否为一票否决制，结合股权结构进一步分析说明前述约定是否影响发行人控制权的稳定性，并说明发行人维持控制权稳定的措施及有效性。

截至 2022 年 3 月，发行人终止上市申请时，暂未对上述问题进行回复。

三、追加认定实际控制人：沪江材料(870204)

（一）审核问题

公司披露实际控制人认定更正的公告，追加章育骏、秦文萍夫妇之子女章澄、章洁为共同实际控制人。补充披露追加章育骏、秦文萍夫妇之子女章澄、章洁为共同实际控制人是否符合公司的实际情况，是否存在最近 24 个月内公司实际控制人变动的情形。

（二）发行人回复

沪江材料挂牌至今一直由章育骏家族控制，四人股权结构未发生过重大变化，四人合计控制公司 90%以上的股份，公司实际经营亦是由章育骏家族控制。因此，章澄和章洁二人，在公司经营决策中发挥着重要作用，将二人补充认定为挂牌至今的共同实际控制人，符合北交所《北京证券交易所向不特定合格投资者公开发行股票并上市业务规则适用指引第 1 号》以及中国证监会《首发业务若干问题解答》关于实际控制人认定的一般要求，符合公司实际情况。

在公司实际经营过程中，章育骏和秦文萍主要负责公司战略发展方向，章澄主要负责公司销售和研发，章洁主要负责公司生产与采购，在重大经营事项决策上，章育骏家族内部会进行讨论和协商，从而形成最终决定。因此，公司经营主要由章育骏家族四人共同控制和管理。公司历次股东大会、董事会上四人对于所有议案的表决结果均一致。

经中介机构核查与认定，章澄和章洁二人直接持有公司股份均达到 5%以上，并担任公司董事、高级管理人员，在公司经营决策中发挥着重要作用，补充追加认定其为公司共同实际控制人，符合北交所规定。

（三）分析与结论

实际控制人的认定，可结合对公司实际控制人的访谈，了解公司控制权及日常经营管理分工情况，查阅报告期三会会议文件，了解审议事项和确定表决情况等。北交所规定最近 24 个月内公司实际控制人不得发生变动。因此，做上市准备的公司，在上市申报期间，应注意做好实际控制人的稳定性安排，避免申报期内更换实际控制人，对上市带来不利影响。

2022 年 1 月，发行人在北交所成功上市。

四、无控股股东及实际控制人：鼎欣科技(870840)

（一）审核问题

认定无控股股东、实际控制人的依据是否充分合理，是否存在通过认定无控股股东及实际控制人规避限售、关联交易、同业竞争和重大违法行为等监管要求的情形。在日常经营活动中是否出现重大分歧难以解决、严重影响公司治理机制有效运行的情形，无控股股东及实际控制人是否对公司经营造成不利影响。

（二）发行人回复及中介机构核查后认为

发行人任一股东持股比例均不超过 30%，且除欣合汇荣与鼎欣科技部分自然人股东签署《一致行动协议》外，发行人持股 5%以上的股东恒世投资、同方股份、嘉融投资之间不存在通过委托持股、表决权委托、一致行动关系等方式实际控制发行人的情形；不存在单一股东及其一致行动人控制发行人股东大会或通过其委派的董事、监事控制发行人董事会、监事会表决和决策的情形；不存在单一股东及其一致行动人控制发行人的日常经营管理与实际运作的情形；不存在单一股东及其一致行动人决定董事会半数以上董事选任、高级管理人员聘任的情形；不存在内部人控制或管理层控制的情形；不存在通过认定无控股股东、实际控制人规避股份限售、关联交易、同业竞争和重大违法行为等监管要求的情形。因此，认定发行人无控股股东、实际控制人的依据充分合理。

发行人不存在日常经营活动中出现重大分歧难以解决、严重影响公司治理机制有效运行的情形；发行人无控股股东及实际控制人未对公司生产经营产生重大不利影响；发行人的《公司章程》《公司章程（草案）》及其他内部治理制度未专门就主要股东意见不一致的解决机制做出特殊安排，若发行人出现主要股东意见不一致时将按照《公司章程》及其他相关制度的规定行使表决权并做出相关决议，基于上述安排，发行人无控股股东和实际控制人未对发行人经营稳定性及公司治理有效性产生重大不利影响。

（三）分析与结论

针对无实际控制人的情形，发行人做出了相关解释，审核部门在后续反馈过程中，对于这种股权结构对企业经营的影响问题，再次进行了提问，主要内容如下。

（1）2018 年签署的《一致行动协议》中关于股份转让、锁定等相关规定是否仍然有效；在无法自由转让的情况下，相关一致行动股东持有公司股权是否具有真实性，是否存在代持等情形。

（2）涂勤华入股及入职发行人的背景，入职前与公司其他主要股东是否存在关联关系，目前能否对发行人形成实际控制。

（3）结合主要股东的股份限售情况、《一致行动协议》的主要约定等，说明是否存在通过认定无控股股东、实际控制人规避股份锁定、关联交易、同业竞争等监管要求的情形，发行人目前股权结构是否稳定，以及对经营稳定性的影响。

2022 年 7 月，发行人终止了上市申请流程，暂未通过上市审核。

五、能否保持控制权的稳定性：泰德股份（831278）

（一）审核问题

在青岛华通控制比例超过30%而发行人多名实际控制人及一致行动人持股相对分散的情形下，未将青岛华通认定为控股股东或实际控制人的原因及合理性，并结合同业竞争、股份限售、决策审批等方面，说明是否存在通过实际控制人认定规避发行条件或监管要求的情形，能否保障现行控制权和公司治理结构的稳定性。

（二）发行人回复

1. 未认定青岛华通为控股股东或实际控制人的原因

（1）发行人自身认定及发行人股东确认。

发行人认定张新生等8人为实际控制人，发行人股东青岛华通亦出具了《关于不谋求青岛泰德汽车轴承股份有限公司控制权的承诺函》及说明，认可张新生等8人为发行人实际控制人。

（2）发行人相关协议安排。

张新生、牛昕光、张锡奎、李旭阳、刘德春、刘天鹏、杜世强、陈升儒8名股东与一致行动人郭延伟、张春山、王永臣共同签署的《一致行动协议》及其补充协议，详细约定了全体一致行动人在公司股东大会决策中的表决制度，可有效保障其对公司重大经营决策的表决一致性。尽管其持股相对分散，但不影响其作为一致行动人共同表决时，合计持股比例高于青岛华通所控制股权比例的事实。

（3）三会表决事项。

在股东大会部分表决结果方面，实际控制人及一致行动人的表决意见与青岛华通及其控制企业存在不一致情形，实际控制人的表决意见最终与股东大会审议结果相一致。青岛华通未能通过其控制的股权选举其提名的董事，印证了青岛华通不存在控制发行人的能力。

在发行人董事会中，发行人共同实际控制人及其一致行动人自 2018 年 1 月至今，持续控制董事会过半数席位，公司共同实际控制人及其一致行动人能够对公司董事会进行控制。

张新生等 8 名共同实际控制人及一致行动人在公司实际运营中控制了公司的日常经营管理权，青岛华通不干预发行人的生产经营管理。

（4）青岛华通作为财务投资者从未谋求发行人控制权。

青岛华通基于看好发行人发展前景，于 2010 年 1 月向发行人增资 1000 万元，并首次成为发行人股东，持股比例远低于张新生等公司职工的持股比例（51.34%）。青岛华通自发行人成立至今，未曾派驻任何一名管理人员、专职董事或专职监事，未曾在发行人董事会或监事会取得多数席位，对发行人始终按照参股公司进行国有股权的管理，并出具了两次《关于不谋求青岛泰德汽车轴承股份有限公司控制权的承诺函》。

2. 同业竞争情况

经查询青岛华通及其控制企业的经营业务，并取得青岛华通、机械工业总公司及青岛机电控股的确认，青岛华通及其控制的企业不存在与泰德股份构成同业竞争的业务。此外，发行人在资产、业务、人员、技术、机构等方面独立于青岛华通及其控制的企业，因此，发行人不存在通过实际控制人认定规避同业竞争的情形。

3. 股份限售

青岛华通及其控制的机械工业总公司、机电控股作为泰德股份持股 10%以上的股东或受持股 10%以上股东控制的股东，已出具股份限售承诺，并承诺自公司本次向不特定合格投资者公开发行股票并在北交所上市之日起 12 个月内，不得转让或委托他人代为管理，也不得由公司回购该部分股份。青岛华通及其控制企业的限售期限与北交所规定的实际控制人的限售期限保持一致，因此，发行人不存在通过实际控制人认定规避股份限售的情形。

（三）分析与结论

发行人实际控制人控制的股权比例高于青岛华通控制的股权比例，且长期控制公司董事会半数以上席位，担任公司高级管理人员，因此，发行人实际控制人拥有对公司实质上的持续性影响力与决定力，青岛华通未被认定为控股股东或实际控制人。类似案例有康龙化成（300759）、国芯科技（688262）、科前生物（688526）、唯捷创芯（688153）等。

2022 年 6 月，发行人在北交所成功上市。

六、最近 24 个月实际控制人是否变更：光谷信息（430161）

（一）审核问题

认定共同实际控制人的原因是否充分，进一步说明张凯、李炘的职务变化、股权变化是否可能影响其发行人控制权的认定和变更。说明发行人未将赛微电子认定为实际控制人的原因及其充分性、合理性，是否存在规避“最近 24 个月实际控制人没有发生变更”等发行条件的情形。

（二）发行人回复及中介机构核查后认为

2017 年 10 月，赛微电子拟收购光谷信息股权比例至 80. 42%，以实现控制，并于后续收购公司股权比例至 34. 95%。2019 年 2 月，大基金入股后，赛微电子停止了收购行为，并于 2019 年 12 月召开董事会审议调整收购方案，签署了相关协议，身份转变为财务投资者。在身份转变前，赛微电子未完成收购的全部行为，其未能成为公司的控股股东，即实际控制人。2019 年 12 月后，赛微电子始终保持财务投资者的身份，星燎投资计划受让股权比例为 18. 42%，但实际持股比例为 14. 08%，不构成对发行人的收购行为，持股比例也少于姜益民等 6 人，星燎投资也不存在与星燎基金及发行人其他股东构成一致行动的情形，公司的控制权状态未发生变化。

由于赛微电子未完成《股份收购协议》及《补充协议》约定的收购行为，未实际取得公司的控制权，姜益民等6人主要基于其对公司的控制权继续经营管理公司，并非主要受限于收购协议的约定。

姜益民等人持续减持公司股权并不意味着其已放弃控制公司，李炘、张凯的离任亦不影响其参与控制光谷信息，相关人员的减持行为和离任与其是否参与控制公司并无必然因果关系，相关行为与其始终具有控制意愿不存在矛盾。

虽然姜益民等人的合计持股比例在不断减少，但其始终控制着董事会，并事实上控制了发行人股东大会，亦控制了发行人的日常经营，姜益民等6人在发行人各个期间均能实际控制公司。

公司启动上市后，基于共同实际控制人合计持股比例低于赛微电子的情况，为了厘清公司的控制权关系，给市场提供稳定的公司经营预期，赛微电子于申报上市前后出具或签署了《不谋求控制权的承诺》《关于确认公司共同实际控制人的议案》《表决权委托协议》等文件。姜益民等6人通过控制公司董事会，控制公司的生产经营实现对发行人的控制。2021年9月30日，赛微电子将其持有的公司股份的表决权委托给姜益民等6人，并于后续出具了北交所上市后在表决权委托期间不减持公司股份的承诺。表决权委托期间，姜益民等6人实际支配的表决权达到了46.80%，能保证其在发行人的控制地位。

认定姜益民等6人为公司共同实际控制人，或者认定赛微电子为实际控制人，或者认定公司无实际控制人均符合“最近24个月实际控制人没有发生变更”的发行条件，公司认定姜益民等6人为共同实际控制人主要系尊重公司控制权的实际状况，公司不存在通过实际控制人认定规避“最近24个月实际控制人没有发生变更”等发行条件。

（三）分析与结论

北交所上市要求最近24个月实际控制人没有发生变更，审核对此进行关注是常规操作之一。发行人及中介机构核查回复后，审核部门在后续反馈问题中，又针对实际控制人是否变更的问题，要求发行人及中介机构核查，主要内容如下。

请发行人说明认定赛微电子“法律层面上正式终止收购行为，其身份从产业投资者转变为财务投资者”的依据是否合理、充分；说明星燎投资对星燎基金的投资决策是否存在重大影响，认定星燎投资与星燎基金不存在一致行动关系是否准确；说明张凯、李炘从公司离任后能否继续对发行人股东大会、董事会、监事会决议及日常经营决策实施控制或重大影响，将姜益民等6人认定为发行人实际控制人是否准确、合理；说明最近24个月内实际控制人是否发生变更，发行人是否符合北交所关于保持主营业务、控制权、管理团队的稳定，最近24个月实际控制人未发生变更的规定。

请保荐机构、发行人律师核查前述事项并发表明确意见。

截至2022年3月发行人终止上市流程时，暂未对上述问题进行回复。

七、股权收购合理性及合规性：华创合成(832077)

（一）审核问题

补充披露高溢价收购子公司的合理性与会计处理的合规性；溢价收购的依据和商业合理性，两次收购价格是否公允及依据；处置子公司的原因与合规性，处置长期股权投资相关交易定价依据及价格公允性的判断依据。

（二）发行人回复及中介机构核查后认为

（1）发行人及其实际控制人、主要股东、董事、监事、高级管理人员等与收购的子公司不存在关联关系。

（2）发行人分两次收购具有商业合理性，定价公允，不存在利益输送或其他利益安排。

（3）子公司第二次评估增值与当期计提商誉减值的情况不存在矛盾。

(4) 发行人将子公司100%的股权对外转让具有必要性，定价具有公允性，未对发行人经营构成重大影响。

(5) 发行人转让子公司100%的股权的决策程序符合法律法规、业务规则和公司章程的规定。

(三) 分析与结论

发行人本次反馈回复后，审核部门在后续反馈中，对历史数次募集资金用途进行了询问，其中募集资金用途包括收购上述子公司，涉及内容如下。

发行人在2017年1月、2017年8月、2019年4月分别募集资金7690万元、8112万元、5678万元，合计21480万元。募集资金主要用于公司在研项目的临床研究、临床申报。后多次通过股东大会改变募集资金用途，将12839万元用于收购海普药业，收购时海普药业净资产账面价值为694.80万元，评估值为14030万元，评估增值1919.29%。海普药业2015—2019年持续亏损，2020年净利润为1632万元。

请发行人说明第一次收购海普药业48.65%股权的决策程序是否符合法律法规及公司章程的规定；在股东大会否决直接购买海普药业股份的情况下，发行人通过增资江苏药之源后以召开董事会的形式审议通过换股议案，是否为了回避股东大会决策程序，是否侵害了中小股东的利益；说明分两次收购海普药业全部股份的原因，是否为了规避履行重大资产重组的决策审批程序；发行人高溢价收购海普药业是否侵害其他股东权益；高溢价收购海普药业的合理性。

2022年4月，发行人终止了上市申请流程，暂未通过上市审核。

八、股权收购价格公允性：七丰精工(873169)

(一) 审核问题

说明低于账面净资产及其评估值的收购价格是否公允，是否存在影响收购价格的其他未披露利益安排或利益输送情形；是否存在损害发行人、其他股东、债权人利益的情形，是否存在争议纠纷或潜在争议纠纷；股权收购涉及税务事项是否合规，所属税务机关是否认可本次股权转让价格、是否存在涉税风险。

（二）发行人回复

2020 年 10 月 13 日，黄秀良出售海鑫包装，交易作价高于账面净资产，主要系海鑫包装整体规模较小，独立经营压力较大，与下游客户七丰精工整合后能减小公司的经营压力。此外，黄秀良将海鑫包装转让后，仍负责海鑫包装的生产经营，根据其签订的子公司总经理目标责任协议书，在海鑫包装盈利情况向好时，亦能获得一定的绩效奖励。同时，由于七丰精工生产经营规模增长较快，海鑫包装收购前系发行人供应商且与其位于同一区域，人员资产整合能降低发行人采购成本，七丰精工亦有收购意愿。故黄秀良以略高于转让前净资产的价格出售，具有合理性，股权交易价格公允。

2020 年 10 月 13 日，张福良将哈福金属股权出售给七丰精工，交易作价高于账面净资产，主要系出售上述股权后，哈福金属可以依托发行人在车间清洁、废气、废水和废渣等方面的污染物处理优势，提高污染物处理能力，减轻独自经营压力；同时哈福金属采购端对发行人及关联方构成依赖，张福良将哈福金属转让后，仍负责哈福金属的生产经营，根据其签订的子公司总经理目标责任协议书，在哈福金属盈利情况向好时，亦能获得一定的绩效奖励。故张福良以略高于转让前净资产的价格出售，具有合理性，股权交易价格公允。

2020 年 10 月 13 日，崔进锋及李正雪将盛丰热处理股权出售给七丰精工，交易作价为 190.00 万元，小于盛丰热处理截至 2020 年 8 月 31 日的净资产数据 291.58 万元。主要考虑到盛丰热处理整体规模较小，独立经营压力较大，与下游客户七丰精工整合能减小经营压力。同时，盛丰热处理采购端对发行人及关联方构成依赖，崔进锋夫妇将盛丰热处理转让后，仍负责盛丰热处理的生产经营，根据其签订的子公司总经理目标责任协议书，在盛丰热处理盈利情况向好时，亦能获得一定的绩效奖励。此外，由于七丰精工生产经营规模增长较快，收购盛丰热处理能形成上下游协同效应，实现双赢。故崔进锋夫妇同意以低于账面净资产的价格转让，具有合理性，股权交易价格公允。

三人与发行人及其关联方、发行人主要股东、董事、监事、高级管理人员除股权定增款和工资以及张福良支付海泰克房屋租赁相关费用外不存在其他交易往来，3 家子公司与七丰精工的客户和供应商除正常购销业务外无其他交易往来。另外，黄秀良、张福良、崔进锋及李正雪均出具承诺，自愿无条件承担被收购公司所有潜在欠缴税款、潜在债务等义务，保证收购后的子公司和七丰精工及其实际控制人不会因此受到任何损失。

经核查 3 家被收购公司工商底档，2020 年 9 月，国家税务总局海盐县税务局开发区税务分局确认并认可海鑫包装、哈福金属及盛丰热处理的股权交易作价，上述股权转让相关税款经确认已完整缴纳。2021 年 8 月 4 日，国家税务总局海盐县税务局出具合法合规证明，确认发行人及子公司自 2018 年 1 月 1 日至证明出具日，依法办理了纳税申报和缴纳税款，没有因违反有关税收征管法律、法规而受到处罚的记录。2022 年 1 月 24 日，国家税务总局海盐县税务局开发区税务分局出具合规性证明，本次股权转让交易双方均已按照有关法律法规缴纳了相关税款，不存在被税务部门处罚的情形。

（三）分析与结论

通过发行人的相关论证，股权收购价格公允，不存在利益输送的情形。2022 年 4 月，发行人在北交所成功上市。

九、分红款项支付：荣亿精密（873223）

（一）审核问题

说明发行人子公司重庆荣亿大额分红的原因及合理性；股利分配是否

与发行人及重庆荣亿当时的财务状况相匹配；未向各股东同比例支付分红款是否存在利益输送或损害发行人利益的情形。

（二）发行人回复

重庆荣亿的分红是发行人收购实际控制人持有的30%股权的收购方案的组成部分，是发行人综合考虑自身及重庆荣亿财务状况和未来资金情况之需要，在发行人母子公司之间所做的资金安排。其中，方案1（先分红后收购），发行人母公司及重庆荣亿分别向实际控制人支付501万元及780万元；方案2（不分红直接收购），全部由发行人母公司向实际控制人支付1281万元。两种方案，从合并口径来看，发行人向实际控制人支付的金额均为1281万元。故选择先分红后收购的方案不存在实际控制人进行利益输送的情形。据此为实现收购方案而进行的分红具有合理性，股利分配方案和支付安排与发行人及重庆荣亿当时的财务状况相匹配。

重庆荣亿向发行人及实际控制人分步支付分红款，是发行人结合重庆荣亿的资金状况及货币资金需求所做出的安排，以满足重庆荣亿业务开展之需求。重庆荣亿已经完成对实际控制人分红款的支付，已向发行人支付了分红款1050万元，尚有770万元未完成支付，承诺剩余款项将于2022年8月底前付清。重庆荣亿目前是荣亿精密的全资子公司，暂未向发行人支付分红款，对发行人合并报表无不利影响。重庆荣亿在未向发行人全额支付大额分红款的情况下向实际控制人全额支付分红款，原因主要有三个：①公司综合考虑业务发展资金需要及上市公司独立性要求，减少公司关联往来挂账，提高公司规范运作水平。②唐旭文作为公司控股股东、实际控制人，长期未向其支付分红款可能构成控股股东向发行人提供财务资助的情形，导致发行人需要向其支付利息，增加发行人的利息支出。③重庆荣亿收购事项完成后成为发行人的全资子公司，重庆荣亿是否向发行人支付该笔分红款对于合并财务报表无影响，发行人可综合考虑母公司和重庆荣亿的经营需求，从而做合理的资金调配。因此，重庆荣亿现金分红对其资金状况及货币资金需求无重大不利影响，在未向发行人支付大额分红款的情况下向实际控制人全额支付分红款具备合理性。

（三）分析与结论

重庆荣亿分红是发行人收购实际控制人唐旭文持有的30%股权的收购方案的组成部分，是发行人综合考虑自身及重庆荣亿财务状况和未来资金情况之需要，在发行人母公司和重庆荣亿之间所做的资金安排。因此，分红具有合理性，不存在利益输送或损害发行人利益的情形。

2022 年 6 月，发行人在北交所成功上市。

十、员工持股平台的合法合规性：派特尔（836871）

（一）审核问题

明山合伙持有发行人 9.72%的股份，为员工持股平台。说明设立上述员工持股平台的背景、原因，持股平台合伙人的选定依据，是否为实际控制人的亲属，员工出资是否为自有资金出资，是否存在股权代持或其他利益安排，是否存在纠纷或潜在纠纷以及相关限售要求，是否存在非发行人员工持股情形及其合理性。

（二）发行人回复

设立员工持股平台的背景：自 2014 年以来，公司业务呈现良性发展态势，2016 年 4 月公司在新三板挂牌，管理层和核心员工有入股参与公司发展的意愿。

设立员工持股平台的原因：为了留住人才，稳定员工队伍，让员工享受公司发展带来的红利，使员工利益和公司的长远利益有机结合，特设置明山合伙作为员工持股平台，明山合伙的合伙人主要为公司的骨干员工。

明山合伙作为发行人的员工持股平台，在设立时，对合伙人范围及选定有明确的依据：有突出工作表现或在公司任职多年，业绩得到公司认可的员工；与发行人签署劳动合同、在发行人处全职工作、任职，对发行人经营业绩和未来发展有直接影响的高级管理人员、核心员工、技术人员、营销人员、职能部门人员；其他有参加股权激励意愿并经发行人认可的员工。

发行人员工持股平台已建立内部股权转让、离职或退休后股权处理的相关约定以及股权管理机制，除了 2 名离职员工仍持有合伙平台股份外，不存在非发行人员工持股情形，不存在纠纷或潜在纠纷。

（三）分析与结论

员工持股平台是上市审核过程中的常见问题之一，员工持股平台涉及的问题包括锁定期、合伙人身份认定、税款缴纳合规性等。在本案例中，发行人对持股平台的合理性、合规性进行了回复，不构成上市障碍。

2022 年 7 月，发行人在北交所成功上市。

十一、非公司员工持有持股平台份额的合理性：鼎丰股份（873459）

（一）审核问题

兴泰科技、顺泰科技、信泰科技分别持有发行人 7.43%、6.97%、5.14%的股份，均未限售。三家合伙企业均未实际经营，注册地均为发行人全资子公司鼎丰木业院内。前述主体是否为发行人的员工持股平台，并披露合伙人的情况；是否为发行人实际控制人、董事、监事、高级管理人员的亲属；是否为发行人及其供应商、客户的员工、前员工或其他关联方；是否存在委托持股、信托持股等情形。

（二）发行人回复

兴泰科技、顺泰科技和信泰科技三家合伙企业注册地均位于睢县产业集聚区商丘市鼎丰木业有限公司院内，均系专门为持有本公司股份而设立，未投资其他企业。兴泰科技、顺泰科技合伙人主要为公司员工，少部分为公司员工亲属和外部人员；信泰科技合伙人主要为公司实际控制人于2016年12月之前控制的鼎盛木业、鼎立木业的员工，少部分为公司员工。

上述三家合伙企业合伙人范围选定主要参考以下标准：为公司（含子公司）的发展作出较大贡献的员工及其家属；在公司实际控制人曾控制的企业鼎盛木业、鼎立木业工作，双方具有较高信任基础的人员及其家属；在公司成立初期认同公司经营理念，看好公司发展前景拟投资公司且具有相应资金实力的人员。

蒋建国、刘道伟、张茂祥、曹玉洁等人以及部分员工家属等成为合伙人的原因、合理性、合规性如下。

蒋建国为公司客户的实际控制人或实际控制人的关联方；刘道伟、张玉锋和张茂祥于公司客户处任职或为公司客户前员工。前述人员具有多年刨花板相关业务从业经验，基于对刨花板行业前景和公司未来发展的看好及对公司实际控制人团队的信任，决定投资本公司。前述人员在取得合伙企业份额后未发生过相关权益变动，除取得公司的分红外，未从合伙企业或公司获取其他经济利益，不存在利益输送情形。

曹玉洁系实际控制人的朋友，基于对实际控制人团队的信任，决定投资本公司。曹玉洁持有信泰科技12.92万元的份额，取得合伙企业份额后未发生过相关权益变动，除取得公司的分红外，未从合伙企业或公司获取其他经济利益，不存在利益输送情形。

公司员工家属仅有刘文丽。刘文丽成为合伙企业的合伙人系因刘文丽与公司员工邓志强为夫妻关系，两人因调整家庭财产支配权而转让份额。此外，赵兰芳为鼎盛木业死亡员工代明珠家属，2019年代明珠因病去世，赵兰芳系基于夫妻财产共有制和继承而取得信泰科技合伙人身份。前述转让已依法办理了工商变更备案，刘文丽和赵兰芳成为合伙人符合《中华人民共和国合伙企业法》和《合伙协议》等相关规定，合法有效。

（三）分析与结论

对于员工持股平台非员工身份的合伙人，需要说明其入伙的原因及合理性，防止特殊利益安排。审核部门在后续反馈问题中，对此再次进行了提问，主要内容如下。

非公司员工持有持股平台份额的合理性。请发行人说明非公司员工持有前述合伙企业份额的具体情况、原因、合理性、合规性。未披露部分合伙人任职情况的，请逐一说明原因并补充披露前述人员任职情况和与发行人及其实际控制人、董事、监事、高级管理人员、客户、供应商之间的关系。

实际控制人与三家持股平台的关系。发行人实际控制人能否对兴泰科技、顺泰科技、信泰科技的合伙人选定、发展规划、经营管理、投资决策等施加重大影响；合伙人之间以及合伙人与其他人之间是否存在委托持股、信托持股、利益输送或特殊利益安排等情形；是否存在规避限售及关联交易有关监管要求的情形。合伙企业的设立，是否为专门吸收非公司员工预留空间，是否可能为利益输送或特殊利益安排提供便利。三家合伙企业所持有的发行人股份是否需要限售。

截至 2022 年 3 月发行人终止上市申请时，暂未对上述问题进行回复。

十二、设置多层员工持股平台的合理性：荣亿精密（873223）

（一）审核问题

说明搭建多层员工持股平台且重合人员数量较多的合理性，激励对象存在非员工对象的背景及合理性，是否涉及利益输送；历次份额转让是否涉及股份支付。

（二）发行人回复

1. 发行人搭建多层员工持股平台具有合理性

发行人根据自身发展情况，为增强公司管理及骨干人员对实现公司持续、快速、健康发展的责任感、使命感，有效地将股东利益、公司利益和优秀人才的个人利益结合在一起，分别于2019年9月和2021年7月实施两次员工持股，具体情况为：2019年9月以海盐金亿作为员工持股平台实施第一次员工持股，合计47人；2021年7月以嘉兴圣亿作为员工持股平台实施第二次员工持股，合计45人。第一次员工持股实施完毕后，海盐金亿股东为47人，如果第二次员工持股仍在海盐金亿层面实施，则其股东人数将超过《中华人民共和国公司法》第二十四条规定之关于有限公司股东不得超过五十名的限制，因而公司设立了嘉兴圣亿作为新的员工持股平台实施第二次员工持股。

发行人两次员工持股分别于2019年9月和2021年7月实施，间隔近两年，两次员工持股所依据的员工持股方案不同，但是两次员工持股的对象有重叠，因此同一位员工所持有不同批次员工持股所对应的每股价格、选取标准、到期日不同，同时考虑到转让海盐金亿股份较转让发行人股权更为便捷高效，因此在海盐金亿层面设置嘉兴圣亿作为其股东，承接公司的第二次员工持股。通过设置多层持股平台，公司能够实现对于不同批次员工持股的授予数量、价格、服务期等事项的专门统计，同时有利于其在海盐金亿层面对不同批次员工持股进行统一、高效的管理。

2. 激励对象存在非员工对象具有合理性，不涉及利益输送

公司两次员工持股的对象中仅有刘希和李霞在实施相应激励时为非公司员工，两人均只参与了公司2019年9月的员工持股。刘希系公司实际控制人、董事长唐旭文的密切关系人员，李霞系公司董事唐旭锋之妻，并已于2020年加入公司。唐旭文和唐旭锋均为公司的中高层管理人员，均为公司的发展作出了重大贡献并看好公司的未来，因此将二人的密切关系人员或直系亲属作为激励对象，实际是对公司中高层管理人员唐旭文和唐旭锋的激励，体现了发行人对员工在公司工作期间所作贡献的认可，具有合理性。此外，刘希、李霞参与员工持股的每股价格、锁定期等条件均适用员工持股方案的相关规定，与公司员工保持一致，且公司已将二人通过员工持股获得的股份纳入员工持股平台进行统一管理。

3. 股份支付的原因

除员工持股平台进行首次员工持股授予外，持股平台涉及3次员工持

股份额转让，其中两次因涉及股份支付金额较小公司未确认股份支付，公司以第 3 次份额转让的公允价值和转让价格的差值确认股份支付金额。

（三）分析与结论

通过查阅员工持股方案、出资协议及转让协议，对海盐金亿和嘉兴圣亿进行网络核查，并对员工持股平台的相关负责人进行访谈，发行人设置多层持股平台以及激励对象存在非员工情形具有合理性，不涉及利益输送。

2022 年 6 月，发行人在北交所成功上市。

十三、对赌协议情况及对控制权稳定的影响：合顺兴（871167）

（一）审核问题

2020 年 12 月定向发行中，公司控股股东、实际控制人卢武明与东吴证券等 6 家证券公司签订了《做市库存股票转售协议书》，其中包含特殊投资条款，报告期内是否存在触发股份回购或现金补偿等对赌条款的情形，是否实际执行。对赌协议是否彻底解除，是否存在其他替代性利益安排。

（二）发行人回复及中介机构核查后认为

东吴证券、东北证券、财信证券、金元证券、首创证券、中山证券与发行人实际控制人卢武明签订的《转售协议》符合《挂牌公司股票发行常见问题解答（四）——特殊投资条款》《全国中小企业股份转让系统股票定向发行业务规则适用指引第 1 号》中关于对赌协议内容、审议程序、披露要求、中介机构意见等的要求，不存在违反定向发行等相关业务规则的情形。

报告期内不存在触发股份回购或现金补偿等对赌条款的情形，不涉及实际执行。北交所已受理发行人的上市申请，对赌协议已中止，尚未彻底解除，恢复条款对发行人北交所上市审核事项不存在不利影响。对赌各方不存在其他替代性利益安排，也不存在纠纷或潜在纠纷。对赌协议对发行人控制权的稳定不存在不利影响。

（三）分析与结论

对赌协议是投融资双方为解决公司未来发展不确定性、信息不对称以及经营成本而设计的包含股权回购、金钱补偿等对未来目标公司估值进行调整的协议。对赌协议可能会导致公司控制权的变更。发行人及中介机构核查回复后，审核部门在后续反馈问题中，又针对对赌协议的合规性，要求中介机构予以核查，问题为："请保荐机构、发行人律师对报告期内发行人实际控制人卢武明与相关证券公司的对赌协议的合规性发表明确意见。"

截至 2022 年 7 月发行人终止上市流程时，暂未对上述问题进行回复。

十四、特殊投资条款的变更及影响：威博液压（871245）

（一）审核问题

逐项说明报告期内是否存在触发对赌协议生效的情形，各机构股东是否要求发行人、发行人的实际控制人及其他股东履行回购股份等义务，发行人、发行人的实际控制人及其他股东是否存在应履行未履行的义务，是否存在纠纷或潜在纠纷。

（二）发行人回复

经开创投、科创产投与马金星、董兰波签署的《回购协议》中存在触发对赌协议生效的情形，具体条款为"自《回购协议》签订之日起三年之内，公司不能向中国证券监督管理委员会或证券交易所递交 IPO 审核的相关材料"，其他协议与条款不存在触发对赌协议生效的情形。

虽存在触发上述部分对赌条款生效的情形，但经开创投、科创产投均未要求发行人的实际控制人及其他股东履行回购股份等义务，且根据发行人与经开创投、科创产投签订的《终止协议》以及经开创投、科创产投、海宁海睿分别出具的《关于特殊条款的确认函》，自特殊条款生效至确认函出具日，经开创投、科创产投针对已经触发回购情形的，免除公司及实际控制人的违约责任，不再要求发行人的实际控制人及其他股东履行回购股份等义务。

截至确认函出具日，海宁海睿与发行人、实际控制人签署的各协议中均不存在触发回购或其他特殊投资条款内容的情形，也不存在任何违约情形、纠纷或争议。发行人、发行人的实际控制人及其他股东不存在应履行未履行的义务，各方不存在纠纷或潜在纠纷。

（三）分析与结论

对于不符合上市监管要求的特殊条款应予以终止或变更，发行人对不符合定向发行相关业务规则的条款补正后，符合发行人公司章程及《中华人民共和国公司法》相关规定，不构成上市障碍。

2022 年 1 月，发行人在北交所成功上市。

十五、集体企业改制程序瑕疵及整改措施：晨光电缆（834639）

（一）审核问题

披露改制程序存在的具体问题及整改措施，有关部门改制程序的合法性、是否造成国有或集体资产流失。对实际控制人所持发行人股份权属是否存在不利影响。

（二）发行人回复

1. 瑕疵情形

发行人前身为 1984 年 7 月设立的集体企业平湖电缆厂，改制过程中主要存在下列瑕疵。

（1）2006 年 10 月 12 日，平湖新成会计师事务所有限公司对平湖电缆厂截至1999年12月31日的净资产做了进一步核实，并出具《专项审计报告》（平新专审〔2006〕046号），截至1999年12月31日，平湖电缆厂实际净资产为-629.66万元，不符合当时的法律法规。

（2）2021年3月18日，嘉兴市人民政府办公室出具了《关于对浙江晨光电缆股份有限公司历史沿革相关事宜予以确认的函》，对发行人历史沿革中有关事项进行了确认。

（3）企业职代会未对企业改制方案进行审议。晨光职工基金保障协会（以下简称“晨光基金”）仅为符合平湖电缆厂改制要求而设立的虚拟机构，并未履行过社团法人设立的任何登记手续，更未实际持有平湖电缆厂产权，相关产权亦未落实至企业职工名下，即企业职工实际不享有任何相关权益。

（4）2000年，在改制过程中，平湖电缆厂根据当时的相关规定成立了晨光基金，作为企业职工的持股方式。根据平湖市全塘镇政府于2000年5月22日出具的《关于对平湖电缆厂净资产界定的批复》（镇府字〔2000〕30号），对平湖电缆厂奖励主要经营者朱水良185万元后的剩余净资产1241.83万元做出如下界定：90万元归属平湖市全塘镇集体资产经营中心所有，1151.83万元归属晨光基金所有。平湖电缆厂改制时确认的镇集体资产经营中心（乡镇集体部分）和晨光基金（职工部分）的持股比例违反了中共浙江省办公厅、浙江省人民政府办公厅于1994年9月22日下发的《关于进一步完善乡村集体企业产权制度改革的若干意见》（省委办〔1994〕39号）的规定。

2. 整改措施

（1）针对上述改制过程中存在的不良资产，晨光有限于2006年改制为股份公司前已全部进行核销，其在改制成股份公司时的基准日净资产已经过具有证券从业资格的会计师、评估机构审计、评估，评估值大于审计账面值，按账面净资产折股，注册资本已足额缴纳。

（2）平湖电缆厂改制时上述产权界定比例违反了当时生效的集体企业改制相关法律规定，但全塘镇集体资产经营中心依程序将资产确认报告、净资产界定方案提交全塘镇人民政府审批，全塘镇人民政府认可此产权界定比例，并通过镇府字〔2000〕30 号文正式批复予以正式确认。

（3）平湖电缆厂改制时在职职工有 218 名，发行人律师、保荐机构通过访谈的形式与其中 189 名老职工取得了联系，确认其均知晓平湖电缆厂 2000 年改制为晨光有限时企业资不抵债的情况，对于改制方案等事项不存在任何异议，企业改制时未侵犯其本人或其他职工的合法权益。

根据《〈中华人民共和国城镇集体所有制企业条例〉实施办法》（1994 年）中对于职工代表大会应 2/3 以上员工出席通过，且过半数表决通过会议决议的规定，本次发行人律师、保荐机构对于老职工的访谈确认比例已达到上述实施办法中规定的参会及决议通过比例。但由于年代久远、人员流动等原因，发行人未能与剩下的 29 名老职工取得联系。因此，发行人采用登报催示公告的方式，分别于 2021 年 3 月 15 日、2021 年 4 月 1 日、2021 年 5 月 1 日三次在《嘉兴日报》上刊登《催示公告》，载明“关于我公司 2000 年改制的相关事宜，本公司希望对当时浙江省平湖电缆厂的在职员工进行访谈确认”。截至本招股说明书签署日，未有老职工就该事项联系发行人且未有任何对上述改制程序瑕疵的异议或诉讼纠纷。发行人已通过替代措施就企业改制时职工代表大会未进行审议的事项获得了 2/3 以上老职工的确认，其均认可当时的改制方案，并确认不存在侵犯职工合法权益的情形。

（4）基于平湖电缆厂改制时净资产为负的实际情况，晨光基金将其全部产权量化给朱水良等 23 名平湖电缆厂原企业厂长、管理人员、职工等，自身不再持有职工集体股。因此，考虑到晨光基金不再作为职工集体股持股存在，晨光基金未实际开展相关的登记管理手续。晨光有限设立后，其产权由原平湖电缆厂管理人员、职工以个人名义持有。由于平湖电缆厂改制时实际净资产为负，朱水良等 23 人作为平湖电缆厂职工受让晨光基金所属的平湖电缆厂资产时实际未支付对价具有合理性，且晨光有限在 2006 年改制成股份公司前，已对该等不良资产全部核销，其在改制成股份公司时的基准日净资产已经过具有证券从业资格的评估机构评估，注册资本已足额缴纳。

3. 对实际控制人的股权是否产生不利影响

发行人实际控制人朱水良先生自 1984 年 8 月至 2000 年 8 月历任平湖电线厂、平湖电缆厂技术员、厂长。在改制及历次股权（份）变动过程中，朱水良先生始终为发行人第一大股东，且一直担任董事长兼总经理职务。此外，报告期内朱韦颐女士一直担任发行人的副总经理兼董事会秘书，朱水良、朱韦颐全面负责发行人的生产经营与管理，对发行人的生产运营决策具有重大影响。

平湖电缆厂改制时已取得平湖市经济体制改革委员会等批复同意，改制过程中存在的瑕疵已整改并取得有关部门确认。截至本回复出具之日，未有原平湖电缆厂职工或其他第三方就该事项对发行人及其实际控制人主张过任何权利或提出异议，各方不存在关于改制事项的任何潜在纠纷、争议与诉讼。

（三）分析与结论

平湖电缆厂改制时已取得平湖市经济体制改革委员会等批复同意，改制过程中存在的程序瑕疵问题发行人已采取整改或者补救措施，且取得了平湖市独山港镇人民政府、平湖市人民政府、嘉兴市人民政府确认，改制过程符合国家和当地有关政策及规定，不存在侵犯职工合法权益或造成集体资产流失的情形。改制过程中不存在争议或潜在纠纷，对实际控制人所持发行人股份权属不存在不利影响。

2022 年 7 月，发行人在北交所成功上市。

十六、境外子公司经营情况：泓禧科技(871857)

（一）审核问题

补充披露上述境外子公司的设立及历次增资是否按照《境外投资项目核准和备案管理办法》《境外投资管理办法》《中华人民共和国外汇管理条

例》《境内机构境外直接投资外汇管理规定》等相关规定履行发展改革部门、商务管理部门和外汇管理部门的核准、备案或审批程序。

（二）发行人回复

根据《香港泓禧法律意见书》及《缅甸泓禧法律意见书》，香港泓禧及缅甸泓禧自设立以来，不存在增加注册资本或股本总额的情形。针对香港泓禧、缅甸泓禧的设立，发行人已履行了发展改革部门、商务管理部门和外汇管理部门的核准、备案或审批程序。因此，发行人境外子公司不存在增资的情形，发行人已就境外子公司的设立履行了发展改革部门、商务管理部门和外汇管理部门的核准、备案或审批程序，不存在受到行政处罚的风险，不影响境外子公司生产经营，亦不影响发行人符合公开发行和在北交所上市的条件。

发行人及其两家境外子公司缅甸泓禧、香港泓禧的所得税法定税率分别为：15.00%、25.00%、16.50%。其中，根据《缅甸投资法》第七十五条第一项，缅甸泓禧享有三年的免税期，从缅甸政府核定的开始经营日期2019年5月6日起计算。因此，发行人及缅甸泓禧、香港泓禧的实际适用税率分别为：15.00%、0、16.50%。

上述两家子公司具有明确的业务定位，其中，香港泓禧为销售业务平台，并为部分境外客户提供服务，报告期内，以香港泓禧作为部分境外客户销售业务平台的做法是根据客户结算要求指定，香港泓禧的利润金额较小，系维持正常经营所得，不存在刻意转移利润的情形，不存在转移定价的问题；缅甸泓禧为发行人境外生产基地，主要为母公司提供加工服务，母公司根据实际订单情况并参考第三方的价格向其支付加工费，缅甸泓禧2019—2020年利润为负，2021年1—6月利润为6.38万元，主要是受建厂时间较短、人员效率偏低及新冠肺炎疫情影响。母公司与境外各子公司的交易系正常生产经营需要，定价公允，不存在刻意转移利润的情形，不存在转移定价的问题。

（三）分析与结论

发行人已就境外子公司的设立履行了发展改革部门、商务管理部门和外汇管理部门的核准、备案或登记程序，不存在受到行政处罚的风险，不影响北交所上市条件。

2022 年 2 月，发行人在北交所成功上市。

十七、子公司注销问题：鑫汇科（831167）

（一）审核问题

报告期内，发行人先后注销多家子公司，并存在被吊销营业执照的情形。请发行人补充披露上述公司被注销或吊销营业执照的原因，注销程序是否合法合规，是否存在重大违法违规情形，是否存在纠纷或潜在纠纷，是否影响实际控制人的董事任职资格，是否构成本次发行的法律障碍。

（二）发行人回复

1. 报告期内注销子公司基本情况

（1）鑫汇科科技。鑫汇科科技曾主要经营 IGBT 分销业务，后发行人将相关业务整合至鑫汇科进行经营，因而注销无实际业务的子公司鑫汇科科技，注销过程合法合规。

鑫汇科科技报告期内曾受到 1 项税收行政处罚，根据《中华人民共和国税收征收管理法》第六十二条规定，鑫汇科科技的前述违规情节轻微，行政处罚金额较小，且已主动消除违规情形并已于规定期限内缴纳罚款，前述违法行为不属于重大违法违规行为。根据鑫汇科科技相关政府主管部门出具的证明文件并经核查，鑫汇科科技报告期内不存在因违反相关法律法规而被主管部门进行重大处罚的情形，亦不存在纠纷或潜在纠纷。

（2）首鑫电子。发行人设立的首鑫电子主要是经营电商业务，但由于未能达到预期经营效果，发行人暂停了相关业务，并注销了首鑫电子。注销过程合法合规。

根据首鑫电子相关政府主管部门出具的证明文件并经核查，首鑫电子报告期内不存在因违反相关法律法规而被主管部门进行重大处罚的情形，亦不存在纠纷或潜在纠纷。

2. 吊销营业执照企业情况

发行人实际控制人蔡金铸、丘守庆持股并担任董事长兼总经理或厂长的企业福建省晋江青阳金源电子厂、晋江金威电子有限公司、晋昇电子（深圳）有限公司、深圳市庆辉电子有限公司均因不再经营后未办理年检而被吊销营业执照。

前述企业被吊销营业执照之日起至报告期初已逾三年，除福建省晋江青阳金源电子厂（已于2019年8月完成工商注销手续）发行人实际控制人蔡金铸担任厂长外，发行人实际控制人均未担任上述被吊销企业的法定代表人。前述企业除存在被吊销营业执照情形外，报告期内不存在其他因违法违规行为受到重大处罚的情形，亦不存在尚未了结的重大诉讼、仲裁。

发行人董事蔡金铸、丘守庆不存在《中华人民共和国公司法》第一百四十六条第四项规定的“担任因违法被吊销营业执照、责令关闭的公司、企业的法定代表人，并负有个人责任的，自该公司、企业被吊销营业执照之日起未逾三年”等不得担任公司董事的情形，前述公司被吊销营业执照不会影响蔡金铸、丘守庆的董事任职资格，不构成本次发行的法律障碍。

（三）分析与结论

发行人子公司注销程序合法合规，不存在重大违法违规情形，不存在影响实际控制人担任董事资格的情形，不构成本次发行的法律障碍。

2022年5月，发行人在北交所成功上市。

十八、股权代持行为的规范性：晨光电缆(834639)

（一）审核问题

2015年和2017年发行人在定向增发时存在股权代持情形。发行人未就上述事项履行信息披露义务。进一步说明上述股权代持行为的形成和规范过程，除披露情况外是否存在其他股权代持行为，是否存在纠纷或潜在纠纷。上述行为被全国股转公司采取自律监管措施，是否影响发行人的发行上市条件。

（二）发行人回复

2000年8月，平湖电缆厂改制设立晨光有限，注册资本1280万元，股东为朱水良、朱文清、袁伟等23名自然人。晨光有限设立时的股东由原集体企业的中高层人员组成，按岗位级别确定认购资格和额度。部分其他职工看好晨光有限的发展前景，但因认购资格和额度等原因，协商分别由袁伟、朱文清代为持有晨光有限的股权。2006年12月，公司由晨光有限整体变更设立为股份有限公司。股份公司设立时，原晨光有限设立时的股权代持情形仍存在。2015年12月，公司在股转系统挂牌的同时定向增发1300万股股票，外部人员谢伟亚看好公司的发展前景，有意认购定增股份，但数量相对较少，其无法直接参与认购，故与其朋友李伟良一起认购，并由李伟良代为持股。2017年2月，公司在股转系统对核心员工进行股权激励，定向增发700万股股票，公司的部分员工及部分外部人员看好公司的发展前景，有意认购定增股份，但由于上述人员非核心员工，最终由李红、钱朝辉等股东代为持股。

基于合规性考虑，在公司及各中介机构审慎核查的基础上，公司对存在的股权代持进行了清理规范，通过了解代持双方的持股意愿，对股权代持进行了还原、购回、出售等不同的解除措施。截至2021年8月末，上述股权代持行为均已解除。

代持人与被代持人均签署了《股份代持解除协议》，被代持人出具了《关于股份代持及解除相关事项的承诺函》，参考出资/定增及二级市场价格，代持人已通过将代持股份还原、购买或在二级市场出售等方式与被代持人解除代持关系，并已转让了全部价款。

公司在主办券商和律师的督促下已经对涉及此事项的相关人员进行了严肃教育，要求其加强学习并严格遵守相关法律法规、股转公司相关制度细则以及公司章程，杜绝类似错误再次发生，保证公司信息披露的真实、准确和完整。

公司会同保荐机构、发行人律师对公司新三板挂牌时及后续定增股东是否存在代持进行了专项核查，通过核查银行分红、出资及解除流水、访谈、承诺等方式，公司股权代持行为已经全部核实清楚，并得到了彻底解除，除披露情况外，不存在其他股权代持行为。

全国股转公司挂牌审查部于 2022 年 3 月 25 日对公司采取出具警示函的自律监管措施，全国股转公司对相关挂牌公司的监管以及依法采取的自律监管措施均系自律管理范畴而非行政职权，属于自律监管措施，不属于行政处罚、公开谴责，不构成重大违法违规。

（三）分析与结论

发行人股权代持行为已得到纠正，警示函属于自律监管措施，不属于行政处罚或公开谴责，不属于重大违规，不影响发行人在北交所上市。

2022 年 7 月，发行人在北交所成功上市。

第三章

业务经营相关案例

上市审核对于业务经营的要求是依法规范经营，具有持续经营能力。

根据发行人的主营业务，确定其所属的行业，分析其所处的行业地位及竞争情况，了解行业监管政策变化。分析发行人采用的商业模式、销售模式、采购模式、生产服务模式、研发模式，上下游产业情况。关注主营业务的变化情况，判断其对持续经营和盈利能力的影响。

了解发行人的销售模式及商业逻辑的合理性，产品（服务）的市场定位、客户的市场需求状况。是否存在客户集中度较高的情形，分析主要客户的回款情况，关注销售回款和期后退货情况，有无属于虚开发票、虚增收入的情形，与发行人及关联方是否存在异常资金流转。调查主营业务收入、其他业务收入中是否存在重大关联销售，关联销售定价是否合理，是否存在大股东或其他关联方利益输送或资金转移现象。

了解发行人的采购模式，分析主要原材料价格变动及合理性，供应渠道变化等因素对发行人生产成本的影响。是否存在严重依赖个别供应商的情形。采购内容、规模、时点与发行人生产销售需求、生产周期、投入产出规律、原材料保质期及产品技术更新迭代周期是否匹配，是否存在大股东或其他关联方利益输送或资金转移现象。

了解发行人的生产服务模式，采用目前生产服务模式的原因、影响因素、在报告期内的变化情况及未来变化趋势。业务及其模式具有创新性的，分析其独特性、创新内容及持续创新机制。存在外协供应商的，是否存在外协供应商为发行人代垫成本、费用的情形。是否存在因产品质量瑕疵导致的退换货或补偿赔偿、有无因产品质量问题导致的重大纠纷。调查对主要业务有重大影响的主要固定资产、无形资产等资源要素，关注发行人专利、非专利技术、土地使用权、水面养殖权、探矿权、采矿权等主要无形资产对生产经营的影响。生产工艺是否符合环境保护相关法规。

了解核心技术人员、技术与研发情况，分析发行人是否存在良好的技术创新机制，是否能够满足未来发展需要。对于核心技术，是否来源于核心技术人员之前的职务发明，判断有无潜在的纠纷及侵犯他人知识产权的情形。

以下就具体案例进行说明。

一、经营模式的变动：大禹生物(871970)

（一）审核问题

说明经销模式变动是否具备合理性，经营模式是否符合行业发展趋势。

（二）发行人回复

公司于2014年7月成立，2015年开始进行生产销售。公司成立时即定位于面向全国市场并以解决中小养殖户的养殖成本高、养殖效率低以及缺乏专业的养殖技术等需求痛点作为切入点，采用省级经销模式快速地开拓全国主要终端养殖市场区域；经过三年的市场开拓和快速发展，公司业务在全国市场范围内初步积累了一定的基础。

2018年末，公司的经销体系下沉，将省级经销模式转变为县级经销模式是公司对终端养殖市场进行精细化深耕的一项重要战略举措。将原省级经销商吸纳为公司员工，有利于公司直接管控县级经销渠道并加强对县级经销商的优化管理，进而加大对终端养殖市场的开发和维护力度。

公司产品主要应用于畜禽、水产等养殖行业，以养猪行业为主。我国生猪养殖行业分散程度较为严重，一方面，尽管我国生猪养殖规模化程度正在提高，但中小养殖户仍然占据市场较大空间；另一方面，我国生猪养殖市场空间较大，头部生猪养殖企业所占市场份额仍然较小，且行业竞争结构分散。公司对于终端养殖客户主要采用经销模式，并从省级经销模式转变为县级经销模式，与我国生猪养殖行业的发展现状相符，同时，与我国生猪养殖行业的规模化发展趋势不相冲突。从成立之初，公司就定位于服务我国数量众多且分布偏远的广大农村地区的中小养殖户。公司通过采用县级经销模式，对县级经销商直接进行管理，有利于在县级区域进一步对养殖终端市场进行精细化开发和维护，满足养殖户多样化的养殖需求。

另外，对比饲料及饲料添加剂行业公众公司，对于终端养殖类客户市场，大都采用了直销和经销相结合的销售模式。同行业公司采用经销模式主要是针对其所处细分市场或终端客户群体较为分散的情况，不同公司由于市场战略和客户群体不同而导致其经销模式与直销模式的收入占比不同；同行业大多数公司通过经销商采取了密集开发的市场战略，经销区域体现集中和下沉的特点。

因此，公司主要采用分散且下沉的经销模式，与同行业公司不存在差异，直销和经销占比有差异主要是由公司与同行业可比公司不同的产品结构导致的。随着公司的单菌、酶制剂产品销售金额的提升，公司的直销占比逐渐上升，公司产品及销售模式与行业的发展趋势相符。

（三）分析与结论

经营模式的改变可能会带来经营业绩的变化，或将影响发行人的持续经营能力。发行人应充分论证经营模式变更对今后业务发展产生的积极影响及其商业合理性。

2022 年 5 月，发行人在北交所成功上市。

二、经营模式可持续性：优机股份（833943）

（一）审核问题

说明发行人母公司承担生产过程质量控制和技术指导等核心工作与其实质从事的生产制造活动是否客观合理；母公司从子公司采购自产产品进

行销售是否符合同行业惯例；母公司是否实质从事贸易业务；说明“协同制造”模式的可持续性。

（二）发行人回复

母公司优机股份采用协同制造模式，负责产品研发、工艺设计和改进，并组织相关子公司或协同制造商进行具体生产加工。协同制造是21世纪的现代制造模式。发行人协同制造模式的出发点在于满足下游不同行业客户的多样化定制需求，最重要的创新之处是企业对供应商生产过程的“充分信息共享、全流程管理、全面质量控制和技术指导”，并为之投入大量自有资源，以实现通过各方资源整合、优势互补的方式来满足不同种类复杂定制机械产品的批量生产。同行业可比公司中怡合达与发行人母公司的业务模式具有相似性。

从母公司单体角度来看，相关子公司或外部供应商均属于其“协同制造商”。从集团合并层面来看，子公司担任协同制造商制造出成品后，母公司从子公司采购自产产品进行销售，该部分产品收入归为招股说明书披露的“自主生产”模式；由外部供应商担任协同制造商制造出成品后，母公司从外部协同制造商采购成品进行销售，该部分收入归为招股说明书披露的“协同制造”模式。除上述差异外，子公司和外部协同制造商在母公司优机股份的“协同制造”模式下的角色定位及承担的具体工作相同。

相关子公司完成生产后，母公司采购其成品对外销售。母公司负责产品研发、工艺设计和改进，向子公司输出技术质量规范并组织其生产加工，同时承担生产过程质量控制和技术指导等核心工作。生产过程中质量控制、技术指导是保障产品稳定性的核心方式，母公司优机股份为生产制造出合格产品投入了必要的人力、物力资源，掌握产品设计等核心环节，在协同制造产品从原材料到产成品的物理形态改变过程中起到决定性作用，因此，发行人母公司实质是从事生产制造活动，而非从事贸易活动。

目前，国内政策和产业环境良好，国际贸易环境整体较为稳定，2018年爆发的中美贸易摩擦以及2020年新冠肺炎疫情的流行对公司业务造成短暂影响，但2021年收入规模实现同比大幅增长，未来中美贸易摩擦持续加剧、全球其他国家或地区发生贸易摩擦的概率较小，疫情防控常态化与经济复苏并行将成为疫情时代的主旋律。发行人自成立以来历经了 2001 年美国经济危机、2008 年全球金融危机、中美贸易摩擦和新冠肺炎疫情等各种影响，仍然在国际国内市场具有较强竞争力，稳定健康发展，这充分说明了协同制造模式的生命力和可持续性，发行人能利用自身在上下游产业链的优势来适应外部环境变化。

（三）分析与结论

结合外部环境变化、发行人所处产业链地位等因素分析，发行人“协同制造”模式具有可持续性，母公司从子公司采购自产产品进行销售符合行业惯例，发行人母公司实质从事生产制造活动，并非从事贸易业务。

2022 年 6 月，发行人在北交所成功上市。

三、合作商模式披露不充分：高德信（832645）

（一）审核问题

合作商模式披露不充分，请发行人说明发行人与合作商的具体合作模式以及该模式下发行人、合作商与最终客户之间的关系；说明家庭宽带业务主要采用合作商模式进行销售的原因、合理性和必要性。

（二）发行人回复

发行人针对商企客户，公司以直销方式进行客户拓展，通过客户拜访、客户介绍等方式获取客户资源。公司综合性社区家庭宽带业务主要采用合作商模式，由合作商在公司指导下安排专业人员以公司名义负责所在区域家庭宽带的安装、账号开拓、网络测试和运行维护，公司支付给合作商的相应金额报酬计入用户维护成本。

由于家庭宽带用户较为分散，且综合性社区人员流动大、社区管理状况复杂，因此家庭宽带用户管理和运维较为烦琐，会占用公司较多的人力和时间。采用合作商模式，公司不需要太多的一线员工及运维人员，可以提高管理效率，有利于开发更多综合性社区的家庭宽带业务。此外，公司选择的合作商对所在综合性社区的物业管理和住户情况较为熟悉，并具有一定的运维经验。在获取用户方面，合作商可以帮助公司尽快熟悉社区环境和住户状况，有利于公司市场渗透。在施工方面，合作商也可以协助公司减少前期沟通、勘察环节所需时间，并提高施工效率。

与合作商合作的模式在行业内较为常见，包括基础运营商在内的同行业公司，均存在类似情况。公司采用与合作商合作的模式开展家庭宽带业务是参考了同业经验，并在实践中得到了检验，具有合理性和必要性。

（三）分析与结论

发行人对合作商经营模式进行回复后，审核部门在后续反馈中，对合作商模式下交易的真实性、公允性问题进行了再次询问，主要内容如下。

（1）补充披露主要合作商与发行人的合作年限、是否属于突增合作商，发行人的合作商是否仅为发行人提供服务，结合定价依据及其公允性说明是否存在利益输送、商业贿赂、体外资金循环的情形。

（2）根据实质重于形式的原则，说明合作商及其主要人员与发行人及其实际控制人、董事、监事、高级管理人员是否存在关联关系或其他特殊关系，合作商发展相关客户的持续性是否存在较大的不确定性，发行人对合作商是否存在较大的渠道依赖。

（3）说明发行人与合作商确认的收入是否真实，用户维护成本定价的具体依据和具体支付时点，发行人向其支付的费用是否取得相关收据或发票。

（4）说明未将“合作商收款后统一转账给公司”的情形认定为第三方回款的依据及合理性，2020 年 4 月不再由合作商进行收款的原因，合作模式是否发生了重大不利变化，合作商收款是否具有较大风险。

（5）说明合作商模式是否为行业通行的模式，有无可比的上市公司，该销售模式是否存在商业贿赂及区域垄断、妨碍破坏竞争对手生产、强迫交易等不正当竞争情形，是否与终端客户存在诉讼纠纷以及负面舆情等情形，发行人针对合作商模式是否建立了相关内部控制制度来防范相关风险，说明内部控制的建立情况及执行有效性。

2022 年 4 月，发行人终止了上市申请流程，暂未通过上市审核。

四、持续经营能力：灿能电力（870299）

（一）审核问题

说明供电紧缺对发行人持续经营能力的影响，期后净利润下降对发行人持续经营能力的影响。

（二）发行人回复

对发行人而言，其不属于高能耗企业，在限电期间，公司采取避峰用电生产安排，避开限电时间段，同时公司部分基础加工环节采用的是委托外协厂商完成的方式，自身生产环节用电需求相对较小，且四季度电力供需紧张形势已逐步缓解，本轮供电紧缺未影响公司正常生产。

发行人及部分外协厂商在本轮供电紧缺中执行当地供电局采取的轮休、错峰用电等限电措施，但执行时长很短，随着四季度电力供需紧张形势缓解，发行人限电措施已于 2021 年 10 月下旬解除。发行人下游应用领域中存在钢铁、冶金、铸造、化工等高耗能企业用户，该类用户受限电影响较大，但从客户结构和合同执行情况来看，未发生重大不利变化，且发行人下游高耗能企业用户占比较小，不会对发行人业务开展造成重大影响。综上所述，发行人日常生产经营几乎未受到供电紧缺的影响；如未来限电限产举措进一步收紧，将可能导致发行人无法按照客户的要求完成订单交付，可能限制企业用户尤其是高耗能企业的扩产速度，从而进一步对发行人生产经营造成不利影响，但不会对其持续经营能力构成较大不利影响。

公司本年度净利润下降的主要原因是：社保缴纳恢复导致薪酬成本上升约 130 万元、公司搬新厂区后厂房折旧引起管理成本增加约 160 万元。公司本年度收入小幅增长，公司搬新厂区后公司形象提升，员工稳定性更高，也为公司收入的可持续增长提供了保障，故虽然净利润略有下滑，但不会对发行人的持续经营能力产生较大不利影响。

另外，发行人结合其所处的行业准入门槛、竞争程度及发行人技术、资金、规模效应等方面情况，说明其具备直接面向市场独立持续经营的能力。

发行人在风险提示部分进行了风险提示。即供电紧缺对发行人生产经营造成不利影响的风险。根据国家发展改革委印发的《2021 年上半年各地区能耗双控目标完成情况晴雨表》，江苏等 9 个省（区）上半年能耗强度不降反升，为一级预警，能源消费总量为一级预警。为贯彻落实国务院关于强化能耗双控的决策部署，发行人及子公司所在地区南京市有序用电办公室于 2021 年 10 月 19 日、25 日、26 日对发行人实施轮休或部分时段限电措施，上述限电措施已于 2021 年 10 月 28 日解除。如果未来限电限产举措进一步收紧，将可能导致发行人无法按照客户的要求完成订单交付，可能限制企业用户尤其是高耗能企业的扩产速度，从而进一步影响发行人下游应用领域的需求，对发行人的生产经营造成不利影响。

（三）分析与结论

对可能影响持续经营能力的因素进行分析，若确实会对持续经营能力构成较大不利影响的，应在招股说明书中提示相关风险。

2022 年 6 月，发行人在北交所成功上市。

五、招投标对经营活动合规性的影响：优炫软件（430208）

（一）审核问题

说明非终端客户是否存在应通过招投标取得订单但实际未履行招投标

程序的情形，对发行人业务是否存在影响；发行人与客户签订技术服务合同后，再将项目外包给供应商是否符合客户及合同要求。

（二）发行人回复

结合客户的企业性质并根据《中华人民共和国招标投标法》的规定，报告期内，公司非终端客户存在 13 个应履行而未履行招投标程序的项目，相关非终端客户均为国有控股公司。上述项目未招投标原因多为非终端客户在中标终端客户后，向发行人采购产品或服务，采取了供应商遴选、商业谈判和直接委托程序。在上述项目获取过程中，非终端客户采购方均未采取招投标形式。根据《中华人民共和国招标投标法》《中华人民共和国政府采购法》等法律规定，相关项目是否应履行招投标程序以及如何履行招投标程序的权利主体和责任主体均为客户，发行人作为项目供应商无法要求客户必须采取招投标形式；如相关项目根据相关法律法规确应进行招标而未招标，发行人作为项目供应商无须承担相关法律责任。

应履行公开招投标程序而未履行的项目合同存在被司法机关认定为违反法律法规强制性规定而效力归于无效，或客户因违反《中华人民共和国招标投标法》规定导致项目暂停、终止执行的风险。但由于：①相关项目数量和收入金额占发行人报告期及各期营业收入比重较小；②在非终端客户应招标而未履行招标程序的项目中，仅有中交信有限责任公司“上海虹桥国际机场 2 号航站楼 B 岛硬件采购及服务项目”尚在履行中，其他项目中客户均已就发行人履行成果予以确认，同时发行人也不存在因前述项目的招投标事项而收到关于合同效力的诉讼或仲裁文件，亦未因前述项目履行与发行人客户发生过任何争议或纠纷。因此，非终端客户应招标而未履行招标程序的项目可能存在的法律风险对发行人的业务经营影响较小。

报告期内，上述客户未对公司将业务合同项下的部分技术服务外包给供应商予以确认可能导致发行人存在违约风险。报告期内，部分项目公司与客户签订销售合同后，以项目计价或人月计价形式向供应商采购技术服务或技术成果。在有外采技术服务的项目销售合同中，部分合同存在禁止、限制或需事先取得客户同意方可转分包的情形，其中，报告期内公司已确认收入的该等合同合计 50 个。为征询相关客户关于公司将部分技术服务外包给供应商的意见，公司通过书面或邮件方式与其取得沟通。截至本问询函回复出具日，公司共取得客户书面回复的涉及两个项目的确认函，回函客户均确认：知悉发行人为妥善履行项目合同项下义务，将合同中部分非核心工作转交具有相应技术能力的第三方服务商完成的情形，并对此无异议，与发行人就项目合同的履行暂无任何进行中或潜在的争议、纠纷。尚有 48 个项目的相关客户未回函。

（三）分析与结论

发行人已说明报告期内应通过招投标取得订单但实际未履行招标程序的情形，另外，公司采购第三方服务协作完成项目符合行业惯例，但仍有被个别客户基于业务合同的限制转包、分包约定将发行人采购第三方服务行为界定为违反协议约定的潜在风险。在审核后续反馈中，进一步对此进行了询问，问题内容如下。

根据申请文件及问询回复：报告期内（2019—2021 年），发行人存在部分业务合同应履行而未履行招投标程序的情形，合同金额占当年营业收入的比例分别为 3.45%、3.07%、4.91%，相关合同存在被司法机关认定为违反法律法规强制性规定而归于无效，或被客户要求暂停、终止执行项目合同等风险；报告期内（2019—2021 年），发行人在外采技术服务的项目销售合同中，有部分合同存在禁止、限制或需事先取得客户同意方可转分包的情形，上述合同项下确认收入金额占当年营业收入的比例分别为 14.71%、14.36%及 19.35%。

请发行人补充说明：报告期内（2019—2021 年）发行人是否存在不正当竞争、商业贿赂或回扣等违法违规行为；上述行为是否构成重大违法违规，是否存在纠纷或潜在纠纷，以及对发行人经营和业绩的影响；发行人针对上述不规范事项，是否已采取及拟采取各项措施，整改措施是否切实有效，整改完成情况是否到位，如何确保内控制度有效执行。

截至 2022 年 7 月发行人终止上市申请时，暂未对上述问题进行回复。

六、行业政策、销售行为与合规经营：伊斯佳(838858)

（一）审核问题

说明行业监管政策趋严对发行人经营的影响；《化妆品监督管理条例》等法规政策的出台及变动对发行人生产经营的影响；发行人销售给 2020 年第二大客户浙江贡盏及杭州小丕的产品，存在涉嫌利用传销的“希柔”App 进行销售的情形。

（二）发行人回复

2021 年 1 月 1 日实施的《化妆品监督管理条例》第十六条规定：“用于染发、烫发、祛斑美白、防晒、防脱发的化妆品以及宣称新功效的化妆品为特殊化妆品。特殊化妆品以外的化妆品为普通化妆品。”第七十八条规定：“对本条例施行前已经注册的用于育发、脱毛、美乳、健美、除臭的化妆品自本条例施行之日起设置 5 年的过渡期，过渡期内可以继续生产、进口、销售，过渡期满后不得生产、进口、销售该化妆品。”

若公司无法在期限内完成化妆品的功效宣称评价或宣称的功效评价未能通过，将影响相关产品的对外销售，从而对公司生产经营造成负面影响。

《化妆品监督管理条例》等一系列新法规规定了化妆品注册人、备案人申请特殊化妆品注册或者进行普通化妆品备案的，应当依据《化妆品功效宣称评价规范》的要求对化妆品的功效宣称进行评价，该等事项可能导致公司成本费用率出现一定程度的提高。发行人的国产普通化妆品的补充功效评价工作正在有条不紊地进行中，综合评估各项进度来看，预计能在规定时间内补齐功效评价资料。国产特殊用途化妆品除了育发类和祛斑类特证以外，预计能在过渡期内完成相关评价工作，特证产品总体不受影响。综合来看，公司化妆品产品的补充功效验证工作总体风险可控。

公司销售给客户浙江贡盏科技有限公司的产品存在在涉嫌传销的关联方电商平台“希柔”App上进行销售的情形。

公司在对客户进行合规性审查时，未发现浙江贡盏/杭州小丕的销售渠道及终端销售价格存在明显异常。发行人与其客户的合同已对双方责任义务进行了明确划分，已书面告知其主要客户、经销商不得采取违法直销和传销等不正当方式开展业务。否则，发行人将立即与其终止业务合作，并有权要求其赔偿因此给发行人造成的全部损失。除此之外，发行人不存在因产品导致的诉讼、纠纷、行政或刑事处罚及其他负面舆情等情形。

同时，对合作品牌方经营合规性进行了风险提示：“报告期内，发行人存在代工产品的品牌方涉嫌传销的舆情。因无法实时监控产品流向，未来仍存在客户违法销售的可能，进而对公司声誉造成负面影响或由此公司存在被行政处罚的风险。”

（三）分析与结论

发行人产品涉及化妆品行业，监管政策趋严对行业具有一定影响；另外，合作方在销售化妆品的过程中，涉嫌传销问题同样会引起关注，审核部门在后续反馈问题中，又问到了该问题，主要内容如下。

功效宣称评价是否合规：2021 年 1 月 1 日实施的《化妆品监督管理条例》及 2021 年 4 月 8 日实施的《化妆品功效宣称评价规范》，明确了化妆品功效评价的执行时点与衔接，发行人部分相关产品暂未安排功效宣称评价。

主要客户涉嫌传销风险对发行人的影响：发行人是否具备识别及应对主要客户涉嫌传销风险的机制和能力。

截至 2022 年 3 月发行人终止上市申请时，暂未对上述问题进行回复。

七、市场需求萎缩及持续经营风险：银山股份(872247)

（一）审核问题

补充披露特种棉浆需求变化，增速是否存在下降趋势，发行人特种棉浆业务是否面临需求萎缩风险，发行人是否存在《北京证券交易所向不特定合格投资者公开发行股票并上市业务规则适用指引第 1 号》1-6 规定的“所处行业出现周期性衰退、产能过剩、市场容量骤减、增长停滞等情况”，是否对持续经营能力存在重大不利影响。

（二）发行人回复

发行人特种棉浆业务不存在需求萎缩的风险，具体原因为：现金投放量是央行综合各种因素做出的决定，不存在持续下降的趋势，现金新增发行规模和更换规模也不存在持续萎缩趋势；非现金支付、数字货币的发展也不会对特种棉浆需求产生重大不利影响；报告期内，特种棉浆全国招标总量增长较快，需求旺盛。因此，发行人特种棉浆业务不存在需求萎缩的风险，所处行业不存在周期性衰退、产能过剩、市场容量骤减、增长停滞等情况。

发行人将采取以下措施，进一步提升自身的持续经营能力。

公司在多年的积累中，建立了成熟的研发体系和研发团队，形成了 4 项与特种棉浆相关的核心技术，并取得 3 项发明专利、21 项实用新型专利，在特种棉浆生产领域具有较强的技术实力。在现金需求不存在萎缩趋势、流通中现金使用的技术标准逐步提高的背景下，公司将继续加强自身的技术实力，确保在特种棉浆领域的收入规模稳步增加、利润水平不断提升。

公司深耕棉纤维深加工领域，经过多年发展，已拥有成熟的棉花加工和处理技术，并积累了丰富的行业经验。通过本次公开发行股票并在北交所上市，公司计划将募集的资金用于“芜湖银山无纺布有限公司年产 1.2 万吨全棉水刺无纺布项目（一期）”。通过本次募投项目的顺利实施，公司将在棉纤维深加工领域继续拓展，将公司在特种棉浆领域积累的专业技术和行业经验在全棉水刺无纺布领域充分应用，进一步增强自身的持续经营能力。

（三）分析与结论

发行人认为，自身的持续经营能力不存在重大不利影响，并将采取继续加强自身的技术实力、募集资金在棉纤维深加工领域继续拓展等方式进一步提升自身的持续经营能力。审核部门在后续反馈问题中，又问到了市场空间的相关问题，问题内容如下。

根据申请文件及前次问询回复，2018—2020 年，特种棉浆全国招标总量复合增长率为 47.51%，发行人未披露近年来特种棉浆的招投标情况。

请发行人说明数据来源的准确性与权威性，说明报告期各期全国特种棉浆的招标总量、发行人的招投标情况、与同行业公司的比较情况；结合发行人报告期各期销售金额及所占市场份额，说明公司营业收入与全国招标总量变化趋势及发行人中标情况的变动是否一致。

2022 年 3 月，发行人终止了上市申请流程，暂未通过上市审核。

八、汇率风险及汇率管理对公司业绩的影响：合顺兴（871167）

（一）审核问题

公司出口业务主要以美元定价及结算，存在汇率波动风险。补充披露外汇管理工具使用情况及对业绩的影响，分析说明报告期内汇率管理的效果、相关措施的有效性、对公司业绩的影响。

（二）发行人回复及中介机构核查后认为

公司汇兑损益金额与汇率波动情况相匹配，具有合理性，汇率波动不会对公司持续经营能力产生重大影响；公司汇兑损益金额受到外销收入金额、发生时间、结汇时间等众多因素的影响，汇兑损益与外币应收账款平均余额之间进行勾稽、匹配的相关性较弱。发行人为应对汇率波动采取了相应的汇率管理措施。目前，汇率管理措施使得公司在外币货币性项目总额度基本稳定的情况下，减小了公司承受的汇率波动风险。公司开展远期外汇、外汇期权业务符合公司实际经营的需要，较好地避免了汇率波动对经营业绩的影响。

公司为了合理规避汇率波动风险，未从事相关外汇投资、投机活动；公司制定的《对外投资管理制度》较为健全，报告期内得到有效执行。发行人关于衍生金融工具初始确认、后续计量和终止确认的会计处理过程符合《企业会计准则》的规定，公允价值的确定合理、依据充分，金融资产和负债类别的划分符合《企业会计准则》的规定。

（三）分析与结论

汇率风险对外贸企业影响较大，发行人及中介机构核查回复后，审核部门在后续反馈问题中，又针对汇率和税收政策变化对毛利率影响的问题进行询问，主要内容如下。

根据首轮问询回复，2018 年至 2021 年 1—9 月，除湿类产品剔除运营费用后毛利率分别为 29. 96%、37. 90%、40. 64%、31. 36%，芳香类产品剔除运营费用后毛利率分别为 28. 58%、30. 34%、20. 09%、19. 19%，波动较大且均受汇率波动、增值税出口退税率变化影响。

请发行人补充说明运营费用的具体构成，并量化分析公司产品毛利率波动受汇率波动和国家增值税出口退税率变化等因素的影响情况。

截至 2022 年 7 月发行人终止上市流程时，暂未对上述问题进行回复。

九、高新认定对经营业绩的影响：路斯股份（832419）

（一）审核问题

说明发行人2020年未能通过高新技术企业复审的具体原因及2021年高新技术企业评审的进展情况；如果未能取得高新技术企业认定，对发行人后续经营业绩有何影响。

（二）发行人回复

2020年公司提交了高新技术企业认定复审材料，但未能通过复审，主要原因为：按照高新技术企业成长性评价指标，2017—2019年收入复合增长率评价指标评分偏低；2017—2019年公司知识产权数量相关评分偏低。因此，公司未达到2020年高新技术企业认定复审合格指标线，未能通过2020年高新技术企业认定。

公司已于2021年6月11日提交了高新技术企业认定申请，反馈回复时已通过高新技术企业认定机构的专家评审，并已获得山东省科学技术厅开具的证明。根据《认定指引》的相关规定，公司2021年取得高新技术企业认定不存在实质性障碍。2021年12月7日，发行人高新技术认定在高新技术企业认定管理工作网公示。

2022年1月4日，发行人2021年度高新技术企业认定已完成，并在高新技术企业认定管理工作网公告，证书编号为GR202137000431，发证日期为2021年12月7日。

取得高新技术企业认定后，将对后续业绩产生积极影响；若未能取得高新技术企业认定，则无法享受企业所得税征收的优惠政策，将执行25%的企业所得税税率，对公司的净利润产生一定负面影响。

（三）分析与结论

发行人未通过2020年度高新技术企业认定复审具有合理原因，目前发行人已获得 2021 年度高新技术企业认定。

2022 年 3 月，发行人在北交所成功上市。

十、业务稳定性与可持续性：瑞科汉斯（839768）

（一）审核问题

论证电能短缺对于公司业务的影响，并说明发行人所回复的“公司产品销售受限电影响较小”是否客观、准确。如电采暖用电补贴降低导致用电成本大幅增加对于公司产品销售的影响，是否会产生产品销量大幅下滑的风险。论证电采暖业务的稳定性，是否存在业绩下滑的风险。

（二）发行人回复

电力短缺是区域性、时间性矛盾，相对于发达省份，公司电采暖设备销售区域的电能短缺情况并不明显，而电力供应对发行人配电设备业务的开展几乎没有影响。因此，公司产品销售受限电影响较小。

从全国范围看，2020 年和 2021 年，我国发电装机总容量大于全社会用电量，电力供应趋紧。但发行人电采暖业务主要覆盖省份的发电量均大于用电量，可见，电力短缺是结构性矛盾。2021 年 9 月，多个省份发布了限电通知，中东部地区电力短缺矛盾凸显。山西、吉林、黑龙江、内蒙古均属于电力输出省份，山西、内蒙古更是属于电力生产大省。短期内受电煤价格上涨、火力发电不足的整体影响，各省均不同程度受到电力不足的困扰，只能通过采取有序用电措施来应对电力供需矛盾。吉林、黑龙江两省叠加东北电网风力发电骤降的影响，短期内出现了拉闸限电的情形。山西、内蒙古煤炭资源丰富，电能充沛，但环保矛盾突出，因此“煤改电”需求旺盛，预计不会出现因电力供给受限而影响电采暖产品使用的情形。与全国其他地区相比，东北地区工业负荷并不算高。2021 年 9 月，吉林、黑龙江部分地区出现短时间拉闸限电情形，受风电骤降影响较大，属于地理性因素引发的短期偶发性事件，但对发行人在东北市场销售电锅炉产品可能会产生不利影响。发行人下一步要重点开发的新疆、青海等省份，风能、太阳能丰富，弃风、弃光问题较为严重，新能源当地消纳、电网调峰需求较大，因此公司在新疆、青海等市场的销售不会因电能短缺而受到影响。

未来用电补贴降低可能导致发行人产品销售出现大幅下滑；发行人2021年业绩下滑有其合理原因，未来受行业政策、市场经济加剧、市场开发不及预期等因素影响，发行人存在业绩下滑风险，已在《招股说明书》中进行了充分的风险揭示。

2018年度、2019年度、2020年度和2021年1—6月，公司实现营业收入分别为8180.18万元、13197.35万元、17530.00万元和7629.78万元，净利润（扣除非经常性损益后孰低）分别为272.86万元、2550.78万元、3971.69万元和274.89万元。2021年，经审阅的营业收入和净利润（扣除非经常性损益后孰低）分别为23053.81万元和3048.44万元，净利润同比下降23.25%。随着已有市场“煤改电”逐步完成，如果未来“煤改电”补贴出现滑坡，发行人未能有效开发工业电锅炉客户或在新的“煤改电”区域市场形成竞争优势，叠加原材料价格上涨、市场竞争加剧等因素，未来业绩可能出现进一步下滑的风险。

（三）分析与结论

业务稳定性与可持续性是审核重点关注的问题之一，发行人及中介机构核查回复后，审核部门在后续反馈问题中，又针对电采暖业务的可持续性问题进行了询问，主要内容如下。

根据招股说明书及问询回复，民用电锅炉和工业电锅炉的电价补贴占其真实运行成本的比例达60%，第一批试点城市在中央财政补贴到期后，由地方政府陆续发布运行补贴支持政策。

请发行人说明相关业务开拓区域是否属于《北方地区冬季清洁取暖规划（2017—2021年）》或其他国家相关政策覆盖区域，发行人各销售地区电价补贴政策具体内容及期限情况。说明试点到期城市地方政府运行补贴支持政策及具体补贴政策的情况，是否存在补贴滑坡的情况。结合行业政策、市场格局、同行业可比公司情况、2021 年业绩及期后订单，进一步论证电采暖设备业务的可持续性，分析对补贴政策的依赖程度，是否存在业绩大幅下滑的风险。进一步说明募投项目的可行性，是否存在产能无法消化的风险。综合上述情况，进行有针对性的重大事项提示。

2022 年 7 月，发行人终止了上市申请流程，暂未通过上市审核。

十一、终端销售实现情况的核查：则成电子(837821)

（一）审核问题

请保荐机构、会计师核查发货至终端客户的销售过程，包括抽取的订单、合同、快递单据、报关单等与最终客户如何对应及匹配情况；视频访谈能否确认客户的真实性，客户采购额与其业务规模是否匹配；确认对终端客户的核查方式、金额及比例，终端客户的真实性。

（二）发行人及中介机构回复

发行人境外销售收入主要来自美国、中国保税区、中国香港等国家或地区。对于境外销售的产品，发行人根据客户要求将货物交给合作的物流公司或客户指定的货运代理商进行托运，由其办理报关手续后运送至客户指定的交货地点。发行人货物在履行出口报关手续后，会发往整机组装厂进行下一环节的加工和组装。对于发往中国保税区和中国香港的货物，履行报关出口手续后有两种去向，一是运送至中国大陆的整机组装厂，二是运送至 FCT 或与终端客户其他需发运的商品一同运送至境外的整机组装厂。

中介机构对发行人报告期内境外客户主要采取函证、视频走访等方式进行核查；对于功能测试（FCT）产品直接发货至终端客户的部分，主要核查海关数据、物流信息等。保荐机构及会计师获取了发行人日常经营过程中维护的销售台账，销售台账中记录了每一笔销售收入对应的合同（框架合同）、订单、报关单、发货日期、货物数量和单价、发货目的地、终端客户等信息。

受新冠肺炎疫情的影响，保荐机构及申报会计师无法对境外客户实地走访，因此对主要的境外客户采用视频访谈的方式。视频访谈前，通过获取销售合同，登录客户官网查询其主要经营范围和主要产品，确认发行人与客户的销售业务具有商业合理性。视频访谈前，与被访谈人均通过工作邮箱和视频访谈沟通相关事宜，确认被访谈人邮箱后缀与客户名称相一致。视频访谈过程中要求受访对象出示身份证明、名片并自我介绍，以确认受访人的身份，包括姓名、在客户处的职位等情况，并在访谈后获取电子扫描件。通过领英（LinkedIn）网站查询被访谈人的履历信息，确认其在客户处任职。登录客户官网查询客户的办公场所、生产场所、产品等情况，确认客户具有必备的生产/经营场所。访谈结束后，获取客户盖章或被访谈人签字的访谈问卷扫描件。对于 FCT，通过美国第三方独立会计师确认客户真实性，通过美国律师确认客户真实性。

对终端客户的核查方式包括：邮件访谈；检查终端客户对发行人审查的相关文件；检查销售、发货过程中双方的沟通邮件和相关单据；聘请美国第三方独立会计师，检查 FCT 对终端客户销售的相关单据及银行流水。经核查，终端客户真实。

（三）分析与结论

对涉外业务、境外客户的核查相较国内客户而言具有一定困难，发行人和中介机构通过上述多种方式进行全方位的核查，确保业务规模的匹配性与客户真实性。

2022 年 7 月，发行人在北交所成功上市。

十二、是否涉及项目转包、分包行为：杭州路桥（870892）

（一）审核问题

共27名自然人与发行人存在大额资金往来（单向往来累计超过100万元）的情形，交易内容包括员工缴纳项目保证金、供应商缴纳投标保证金、员工代为现金缴纳税款、业务往来款项、员工代为处理项目工伤及理赔事项。上述情况是否存在项目转包、挂靠等行为，并说明“项目经理考核机制”业务模式是否符合行业惯例，上述各项财务内控不规范事项的形成原因、整改措施、相关内控建立及运行情况。

（二）发行人回复及中介机构核查后认为

发行人说明不存在项目转包、挂靠等行为，“项目经理考核机制”业务模式符合行业惯例；发行人业务往来款项未约定利息，不涉及资金占用；财务核算真实、准确。

中介机构通过对资金流水的核查及访谈相关方，认为发行人已对相关不规范行为做出有效整改措施，且已针对性建立内控制度并有效执行，除上述事项外，不存在其他重大财务内控不规范情形；自2021年7月1日起，发行人未发生新增员工缴纳项目保证金的财务内控不规范情形；截至2022年2月14日，发行人已退还所有相关员工缴纳的项目保证金；2022年2月14日，发行人及其控股股东、董事（不含独立董事）、高级管理人员出具不再实施“结余归己”考核的承诺；发行人相关项目负责人重新签署《廉洁从业责任书》，并增加不与业务关联单位及其控股股东、实际控制人、董事、监事、高级管理人员发生资金往来的承诺；发行人相关供应商重新签署《廉政责任书》，增加供应商及其控股股东、实际控制人、董事、监事、高级管理人员不得与公司董事、监事、高级管理人员、项目经理和项目现场负责人（含实际从事上述工作内容的人员）发生资金往来的承诺；发行人制定《关于劳务支出内部控制单价的管理办法（试行）》，并于2022年3月1日起实施，发行人根据国家、行业相关规定或数据建立劳务支出企业定额，作为劳务采购单价的最高内部控制标准，进一步规范和控制劳务采购定价；自2022年1月1日起，发行人未发生收取自然人缴纳的项目投标保证金、员工代收零星项目款项的财务内控不规范情形。

（三）分析与结论

发行人与自然人之间的大额资金往来涉及内控是否规范的问题，发行人及中介机构核查回复后，审核部门在后续反馈问题中，又针对发行人是否存在转包行为的问题进行询问，主要内容如下。

请发行人补充披露执行“结余归己”考核制度相关项目情况，说明由项目部主要人员缴纳项目保证金以及签订项目管理责任书是否为行业内通行做法，是否符合相关法律法规的规定；补充说明公司各项业务的项目部主要人员是否均为公司员工，对于身份是公司员工的，说明员工是否均需缴纳保证金；被考核员工是否存在以自身或控制的企业名义在体外承揽工程项目、雇佣劳工、采购建筑材料、工程设备或租赁施工机械设备，以及为发行人代垫各类保证金及成本费用的情形；对照《建筑工程施工发包与承包违法行为认定查处管理办法》关于转包的认定标准，逐项论证说明是否构成非法转包。

请保荐机构、会计师、律师核查并发表明确意见，说明对公司施工项目的主要管理人员的劳动合同、社保关系、与公司资金往来、项目物料设备采购、工程款收付等情况核查的手段、范围和比例，是否已执行充分的核查手段，是否已获得充分的证据支持结论性意见。

2022年7月，发行人终止了上市申请流程，暂未通过上市审核。

十三、生产经营的重大不利变化风险：东立科技(835193)

（一）审核问题

说明东方钛业收回红渣销售权的原因，是否存在违反合约的情形；发行人是否将重新获取红渣销售权。说明发行人是否只能单方配合东方钛业，缺乏协商谈判空间。说明是否在主要业务的获取、收益的主要来源等方面存在依赖东方钛业的情形，是否对持续经营能力存在重大不利影响。

（二）发行人回复及中介机构核查后认为

双方合作期间，东方钛业不存在违反合约的情形；未来，若红渣价格大幅回落或出现其他因素变化，不排除东方钛业会与发行人重新商议销售权事宜，但公司将根据自身发展规划以及对方提供的条件综合审慎考虑是否接受红渣的销售权。

东方钛业对公司外送绿矾处置予以补偿的条款已暂停，不具有可持续性；发行人对其原因、背景的说明真实、合理；双方合作属于正常的商业行为，不存在东方钛业配合发行人进行利益输送的情形；东方钛业的补贴事项具有商业合理性，会计处理正确，不存在调节利润的情形，报告期内东方钛业是发行人技术服务模式的唯一客户，无其他可比客户参考或成熟的行业惯例。

与东方钛业谈判过程中，公司会平衡短期和长期利益，在不涉及公司核心利益时会做出一定让步，并非只能单方配合东方钛业。公司向东方钛业按照合同约定数量比例购买红渣的价格公允，销售价格低于采购价格具有商业合理性；公司与东方钛业间发生的偶发性硫酸销售具有合理性。

公司与东方钛业历次合同变更和“双方在互惠共赢的基础上开创

的合作模式”不存在矛盾，报告期内发行人的业务模式未发生重大变化，不存在向东方钛业让利以获取资源，在主要业务的获取、收益的主要来源等方面公司不存在依赖东方钛业的情形，公司具有较强的持续经营能力。

（三）分析与结论

发行人对经营稳定性及独立持续经营能力问题回复后，审核部门对技术服务模式下发行人与东方钛业合作的可持续性、发行人自主生产模式下新增项目的实施风险等进行了进一步反馈，主要内容如下。

与东方钛业的合作是否存在无法续期的风险，结合新建项目产能消化尚无实质进展的客观情况，说明是否对发行人后续的经营稳定性、持续经营能力存在重大不利影响。

如发行人能够与东方钛业进行续约，说明技术服务模式的成长空间是否有限，是否存在不确定性；说明钛白粉生产企业的产能、价格的变化，是否具有明显的周期性特征及对公司生产经营的影响。

自建项目尚未履行环评手续的原因，测算自建项目实施过程中对各年度发行人经营业绩的影响情况，是否存在减值风险或净利润下降的风险。

2022 年 3 月，发行人终止了上市申请流程，暂未通过上市审核。

十四、主要客户销售可持续性及新客户开拓：骏创科技（833533）

（一）审核问题

说明客户公司成立当年即成为前五大客户的原因及合理性，是否与发行人存在关联关系，双方业务开展是否真实，发行人免除客户公司尾款是否存在利益输送，是否存在签订虚假订单等违规情形。

（二）发行人回复

发行人的子公司与其下游客户于2017年开始合作，基于供应链上下游关系，客户向发行人子公司主要采购电子换挡器产品，客户公司在收购发行人子公司后，向发行人及其子公司采购汽车塑料零部件以及配套的模具。客户向发行人以及子公司采购的产品均用于自身业务，经再加工后售于整车厂，如吉利汽车、沃尔沃，具有合理性。

发行人对客户销售的产品，最终配套于吉利、沃尔沃"博越"等多款车型的汽车电子换挡，销售具有真实性。根据发行人及发行人董事、监事、高级管理人员等关联自然人分别填写的调查表以及根据企查查、天眼查等工商信息查询平台，客户公司的主要股东、董事、监事、高级管理人员与发行人的董事、监事、高级管理人员之间不存在关联关系，不存在除购销交易外的其他往来。

另一客户公司的产品主要生产工艺为注塑，发行人从事注塑零件及配套模具的生产和销售，由于其认可发行人的技术实力以及产品质量，因此基于上下游关系开展合作，向发行人采购注塑零件和模具。该客户于2017年7月与发行人定点合作，在2019年度内销客户中排名第五，金额较小且占比较低。

该客户产品最终销售于各大电商，如京东、淘宝等，销售具有真实性。根据发行人及发行人董事、监事、高级管理人员等关联自然人分别填写的调查表以及根据企查查、天眼查等工商信息查询平台，该客户的主要股东、董事、监事、高级管理人员与发行人的董事、监事、高级管理人员之间不存在关联关系，不存在除购销交易外的其他往来。

发行人向客户提供注塑零件和模具，客户尚欠发行人货款，由于客户经营业绩较差，尚不具备支付该欠款的能力，就上述欠款事项，经双方多次沟通，达成一致意见，客户如期支付一定款项后，可免除剩余尾款，以保障整体回款正常。

发行人承接客户模具订单后，由模具项目人员与客户多次技术沟通，进行产品数据修改；发行人模具设计人员根据确认后的产品数据，进行模具设计，而后进行模具制造。

模具生产加工完成后，试样给客户确认，试样经批准后，客户向发行人下达玩具零件订单；发行人依照订单需求购买原材料并组织生产，最终交付给客户。客户采购发行人产品后，通过展会、电商等渠道进行销售。

发行人与客户的交易均具有真实的销售原始单据，包括销售订单、出货单、销售发票、物流运输单、签收单和回款记录，以及双方关于项目的邮件沟通等记录，通过淘宝或京东平台可以查阅上海逸殿玩具产品的销售情况，销售具有真实性，发行人不存在与其签订虚假订单等违规情形。

（三）分析与结论

发行人与主要客户交易具有合理性，销售具有真实性，与发行人不存在关联关系。免除尾款系发行人针对客户经营困难的情形，双方经过协商后调整还款方案，保障货款的可回收性，符合商业逻辑，不存在利益输送。

2022 年 5 月，发行人在北交所成功上市。

十五、客户和供应商重合对交易公允性的影响：高德信（832645）

（一）审核问题

根据保荐工作报告，报告期内发行人存在部分客户和供应商重合的情形，但未在申请文件中披露客户与供应商重合的具体情况。补充披露报告期各期发行人与同为客户、供应商主体的合作情况和产品采购最终用途；补充披露发行人及其主要人员与相关主体是否存在关联关系，相关交易的价格是否公允，是否存在其他利益安排。

（二）发行人回复

报告期内，发行人存在客户与供应商重合的情形。这部分客户、供应商主要是与公司同属于电信行业或上下游相关行业，在行业内经营多年，积累了一定的客户资源或渠道资源，双方在业务开展过程中基于业务需求、合作关系、成本控制等因素考虑，存在采购同时销售、销售同时采购的情形，符合行业惯例，具有合理性。例如，发行人向第一大供应商深圳市圳通通信有限公司采购带宽资源、工程施工、软硬件等，报告期各期采购金额分别为 5278.23 万元、11289.46 万元、10405.68 万元、3064.64 万元，同时发行人向深圳市圳通通信有限公司提供互联网接入和专线组网服务。

公司与存在客户供应商重合情形的公司的采购和销售均为独立购销业务，采购的产品最终用于公司正常业务开展，不存在向同一供应商或关联方销售的情形，上述采购过程不受最终客户的指定或影响。

公司及其主要人员与存在客户供应商重合情形的公司之间不存在关联关系。公司与上述公司之间的购销价格和同地区其他客户、供应商同类产品的购销价格均通过议价或比价方式确定，相关交易价格公允，不存在其他利益安排。

（三）分析与结论

发行人对募投项目合理性及市场需求进行回复后，审核部门认为新增光纤建设与市场需求解释不充分，因而在后续反馈中进一步对该问题进行了反馈，主要内容如下。

逐一详细说明报告期内客户、供应商重合的背景及合理性，是否存在向同一合作方采购和销售内容相同的情形，如有，分析交易的必要性、合理性及价格的公允性。

结合第三方可比价格或者市场价格等，说明客户供应商重合情形下交易价格的公允性，是否存在为发行人支付成本费用或采用不公允的交易价格向发行人提供经济资源的情形，是否存在其他利益安排。

结合同行业可比公司情况说明客户供应商重合是否符合行业惯例。

2022 年 4 月，发行人终止了上市申请流程，暂未通过上市审核。

十六、原材料依赖：则成电子(837821)

（一）审核问题

说明全球芯片紧缺对发行人订单履行的具体影响，后续是否存在芯片断供的可能及解决措施；是否存在对芯片等原材料终端供应商的依赖及依据，是否会对发行人经营及订单履行造成重大不利影响。

（二）发行人回复

全球芯片紧缺对发行人订单履行的影响主要体现在 2020 年度，相关不利影响已经被大部分消化，对 2021 年度发行人订单履行影响较小。发行人主要从客户采购芯片，发行人客户 FCT、Azoteq 和 Next 在境外具有稳定的采购渠道。其中，Azoteq 和 Next 为半导体公司，自主品牌的芯片供应未受到影响。除此之外，发行人其他部分芯片在 2020 年度具有一定的采购难度，芯片采购周期变长，导致部分产品交货时间延迟，出货速度下降，进一步导致发行人 2020 年度业绩有所下滑。2021 年度，随着全球新冠肺炎疫情的好转，芯片厂商复工率上升，且部分芯片厂商增加了产能，以应对全球芯片供不应求的情形。2021 年度，发行人原受芯片紧缺影响的工业打印类模组、智能加热杯控制模组等产品出货速度提升。目前，除个别产品仍受到芯片短缺的影响外，大部分产品订单履行情况恢复正常。同时，发行人的产品种类较多，部分模组产品和印制电路板不需要用到芯片，所以发行人订单履行受全球芯片紧缺总体影响有限。发行人尚未履行完的订单主要是因为 2020 年度出货速度受影响明显，出货量较小，而客户订单量 2021 年度持续增加，公司滚动出货，仍有部分 2021 年度新增订单未能及时交货。目前，公司受芯片短缺影响无法交付订单的情形已经基本消除。

预计2022年度，公司订单履行情况受全球影响将进一步下降。

发行人芯片完全断供的可能性较小，不存在对单一芯片等原材料终端供应商的依赖。发行人使用的客户Azoteq和Next的自主品牌芯片不存在断供的可能性。对于其他非客户品牌的芯片，由于发行人产品型号较多，需要的芯片有一定的可选范围，不存在依赖单个芯片型号或者单个芯片厂家的情形。目前，全球芯片供应紧张已经得到一定程度的缓解，未发生大规模断供的情形，发行人芯片大规模断供或完全断供的可能性较小。

发行人应对芯片短缺的主要措施如下。

（1）提前做好库存备货。通过与客户沟通订单计划，做合理的战略物资储备和滚动的战略物资计划。根据市场行情，对部分芯片按订单预测储备安全库存，在芯片供应较为紧张的情况下确保具有足够的芯片支撑正常生产。

（2）加强芯片适用性的研发。发行人产品所使用的芯片具有可替代性，尽管终端厂商对芯片等重要元器件的认证需要一定过程，更换芯片需要一定时间，但从长期来看，部分型号芯片紧缺可通过替换芯片等措施进行解决。公司在拓展国内市场和研发新产品时，更多地尝试使用其他型号的芯片进行替代性研发和测试，减少未来对单一型号芯片的依赖。

（三）分析与结论

全球芯片供应对发行人订单履行不存在重大影响，发行人已做好应对措施，对于解决芯片等原材料终端供应商依赖具有防范作用，对发行人经营及订单履行不构成重大不利影响。

2022年7月，发行人在北交所成功上市。

十七、外协及主要原材料采购公允性：七丰精工(873169)

（一）审核问题

产品外购或劳务外包采购价格是否公允，说明主要供应商与发行人是否存在除购销外的任何关系（如持股等）或其他利益安排。

（二）发行人回复

报告期内，公司部分产品存在外购的情况。公司外购成品主要为螺母和垫圈等，公司聚焦主业，主要生产螺栓的主体部件，螺母、垫圈等配件一般会根据客户的需求外购后销售。同时，公司在产能不足时针对建筑和汽车行业的螺栓存在外购的情况，这部分收入占营业收入的比例约为2%。

另外，公司及其全资子公司存在劳务外包的情况。因部分时期订单增加以及客户交期要求紧张，公司生产员工人数不能满足业务发展需求，因而公司针对部分简易工序通过采用劳务外包的方式来缓解生产压力。劳务公司向发行人提供劳务派遣的工种为车间辅助工、包装工，用工人数占当期用工总量的比例约为10%。

钢材供应商方面，公司钢材采购价格根据市场价格确定，钢材采购价格与市场价格波动趋势基本匹配，由于存在合金钢等价值较高的钢材采购，公司钢材采购单价整体略高于市场价格，公司主要钢材供应商与公司不存在除购销外的任何关系或其他利益安排。

外协厂商方面，公司与主要外协厂商之间合作时间较长，公司向嘉兴兴欣外协金额较高，而其余供应商由于可替代性较强，外协金额较为分散。公司外协的定价机制主要是以市场价格为基础参考采购量、交货期等协商确定，经对比外协金额最大的供应商嘉兴兴欣采购单价与可比公司不存在明显差异，报告期内除公司曾通过外协厂商进行转贷外，公司主要外协供应商与公司不存在除购销外的任何关系或其他利益安排。

（三）分析与结论

发行人对外协厂商进行了说明，通过供应商名称、数量、采购金额占比，以及市场价格及变动趋势等，说明采购价格公允，与主要供应商不存在除购销外的其他任何关系或利益安排。

2022年4月，发行人在北交所成功上市。

十八、供应商刚成立即与发行人合作的合理性：天润科技（430564）

（一）审核问题

说明外协供应商刚成立即与发行人合作的合理性；与由前员工担任法定代表人或任职的供应商交易的公允性。

（二）发行人回复

外协供应商所在区域与提供服务区域差异较大的原因合理，与发行人选择供应商时会综合评估供应商的本地化服务能力等因素不矛盾。前述供应商与发行人不存在其他关系或利益安排。

发行人选择与刚成立的供应商合作，是基于其在相关领域有丰富的专业技术团队，且报价有利于公司控制成本，发行人选择其作为供应商的原因合理，前述供应商各期交易金额与其经营规模相匹配。发行人向前述供应商采购的采购单价与发行人向其他供应商采购的采购单价不存在较大差异，与市场公开价格不存在差异。

前员工在发行人任职时不持有发行人股份，辞职至今也不直接或间接持有发行人股份，发行人向前员工任职或担任法定代表人的供应商采购的交易价格公允，不存在关联交易，不存在以不公允的价格向发行人输送利益的情形。

发行人员工数量与业务增长相匹配，生产技术人员的人均创收随业务规模增长而增长，符合行业惯例，与同行业可比公司不存在差异。

（三）分析与结论

发行人与上述刚成立即与发行人合作、前员工任职或担任法定代表人的供应商合作相关项目的具体来源为独立参与客户招投标获取，发行人获取相关项目的来源合法合规。

2022 年 6 月，发行人在北交所成功上市。

十九、产品质量是否符合客户质量标准：浦漕科技（870382）

（一）审核问题

发行人因质量问题于 2021 年 3 月 1 日起在国家电网公司系统招标采购中暂停中标资格 6 个月，发行人还存在电力电缆产品在市场监督管理总局的抽检中不合格的情形。说明相关产品后续是否存在安全风险隐患，是否存在因受到行政处罚而被取消相应生产资质的可能，是否会导致发行人客户和产品收入结构发生重大变化。

（二）发行人回复及中介机构核查结论

发行人被国家电网湖南公司暂停中标资格系因供应的产品电阻未达到优质电缆标准，仅为国家标准。发行人被国家电网浙江公司暂停中标资格系因产品初检不合格，但复检仍属合格产品。发行人被市场监督管理总局抽检为不合格的产品系堆放于成品区的尚未出库产品，发行人已对相关产品及时进行了销毁，同型号产品复检均已合格。除以上事项外，发行人产品在报告期内不存在其他质量问题情形，不存在因质量问题受到主管部门行政处罚的情形。因此，发行人产品不存在普遍质量问题，抽检不合格仅为偶发情形。个别抽检不合格的产品不影响对发行人产品整体质量的判断。

国家电网对供应商实行暂停限期中标的处理系国家电网对其供应商的内部管理行为，并非行政处罚。根据《国家电网有限公司供应商不良行为处理管理细则》《对供应商不良行为处罚措施的公告》相关规定，国家电网对供应商不良行为的处理主要分为暂停中标及列入黑名单两类，其中“暂停中标 6 个月”为处罚最轻的级别。暂停中标期限结束后，供应商完成处罚单位的相应整改要求，即可申请恢复中标资格。行业内众多上市电缆公司、知名电缆生产企业均在历史上存在被暂停中标的情形，但后续仍可多次中标，持续保持与国家电网的业务合作。

发行人报告期内存在质量问题、质量纠纷的产品已按客户要求进行退换货，相关产品后续不存在安全风险隐患，不存在因产品质量问题受到行政主管部门行政处罚的情形，亦不存在因受到行政处罚而被取消相应生产资质的可能。

（三）分析与结论

产品质量问题是企业赖以生存的基石，出现产品质量后，是否影响上市发行，发行人从内控制度、整改措施、影响范围等方面进行了说明，而审核部门在后续反馈时，再次对产品质量问题及其影响进行了询问，主要问题如下。

关于产品质量是否无法符合客户质量标准：补充披露对于电力电缆产品质量的内控制度是否建立完善并有效执行；补充披露向国家电网销售的被处罚批次电缆是否还销往其他客户，结合其他客户的质量标准要求，说明是否存在被其他客户退回的情形。进一步说明发行人的产品质量与可比公司是否存在明显差距，是否存在产品竞争力不足、市场拓展困难的风险。

关于多次暂停中标资格对持续经营能力的影响：说明国家电网客户订单对发行人当前和未来业绩的影响周期及比例。补充披露退回产品是否用于二次销售，退回产品的会计处理，相关存货是否计提减值及计提方式和依据，减值计提是否充分。国家电网对供应商资质管理趋于严格的趋势对发行人持续经营能力的影响。

2022 年 3 月，发行人终止了上市申请流程，暂未通过上市审核。

二十、产品质量纠纷：邦德股份(838171)

(一) 审核问题

请发行人说明“报告期内，公司与主要客户之间不存在重大质量纠纷”的具体含义，有关“重大”的判断标准；说明是否存在因产品质量产生退换货或纠纷的情形。

(二) 发行人回复

招股说明书中“报告期内，公司与主要客户不存在重大质量纠纷”的具体含义为：报告期内，公司与主要客户不存在因产品质量问题产生诉讼、仲裁等纠纷或者其他影响公司生产经营的不利情形。

有关“重大”的判断标准主要考虑两个方面：一是从纠纷性质判断，是否存在诉讼、仲裁等较为严重的纠纷；二是从金额因素判断，是否存在金额较大的退换货情形。

报告期内，公司与主要客户之间合作关系稳定，不存在因为质量问题产生的诉讼和仲裁等纠纷。

报告期各期，公司商品退换货金额分别为 25.47 万元、4.02 万元和 10.30 万元，占营业收入的比重分别为 0.12%、0.03% 和 0.04%，占比较小，未对公司产生重大影响。

此外，由于公司与客户之间合作稳定、品质优良，公司未在合同中与主要客户就换货、退货和索赔等事项约定具体条款，公司与主要客户就退换货事项达成商业共识，若出现产品质量问题或运输损坏（公司负责运输的情形下）等情形，公司会接受客户的退换货申请，进行退换货处理。

因此，报告期内公司与主要客户之间不存在重大质量纠纷，不存在因产品质量产生大额退换货或纠纷的情形。

（三）分析与结论

发行人对“重大”质量纠纷的标准进行了明晰，说明公司与客户之间不存在重大质量纠纷，不存在大额退换货或纠纷的情形。

2022 年 6 月，发行人在北交所成功上市。

二十一、广告宣传合规性：大禹生物（871970）

（一）审核问题

说明在开拓客户过程中是否存在虚假宣传等内容，是否存在违反不正当竞争相关法律法规的情形；发行人主要产品的出厂价、终端售价是否存在差异较大的情形，说明其合理性，是否与同行业公司相符或符合行业惯例。

（二）发行人回复

发行人在开拓、建立省级、县级经销体系的过程中，推介内容表述可能存在不严谨或不规范的情形，但现已将有关不严谨或不规范用语的宣传内容删除。除此之外，不存在虚假宣传、不正当竞争的情形。公司不存在要求被发展人员发展其他人员加入的情形；不存在对发展的人员以其直接或者间接滚动发展的人员数量为依据计算和给付报酬（包括物质奖励和其他经济利益，下同）的牟取非法利益的情形；不存在要求被发展人员交纳费用或者以认购商品等方式变相交纳费用，取得加入或者发展其他人员加入资格而牟取非法利益的情形；不存在要求被发展人员发展其他人员加入，形成上下线关系，并以下线的销售业绩为依据计算和给付上线报酬，而牟取非法利益的情形。

根据发行人市场监督主管部门出具的证明，自成立以来，发行人不存在因违反《中华人民共和国广告法》《中华人民共和国反不正当竞争法》《中华人民共和国消费者权益保护法》《禁止传销条例》及其他反不正当竞争相关法律法规、侵犯消费者合法权益的行为而受到该局行政处罚的情形，且发行人已采取了将涉及不规范用语的宣传内容删除、实际控制人出具承诺的规范措施。报告期内，发行人也不存在因在发行人网站、公众号等与业务开展、产品销售有关的平台公开披露、推介宣传内容而被客户以造成误解、欺诈为由提起诉讼的情形。

报告期内，公司经销的主要产品终端价与出厂价的价差以及差异率较为稳定。同行业公司未披露经销商对外销售的价格，对于行业内采用经销模式的公司来说，通常会给予经销商一定的利润空间，若利润空间过小，则县级经销商会失去销售及开拓市场的动力。公司的出厂价、终端售价是基于公司产品成本及市场等因素制定的，若出厂价、终端售价差异过大而不符合市场规律，则会严重影响产品的销售。公司认为其主要产品的出厂价、终端售价差异处于合理范围内。

（三）分析与结论

发行人在经销商、终端客户的开拓过程中不存在虚假宣传等内容，不存在违反不正当竞争相关法律法规的情形。对于涉及经销模式的，出厂价、终端售价差异应处于合理范围，具有合理性，符合行业惯例。

2022 年 5 月，发行人在北交所成功上市。

二十二、采购定制成品如何体现发行人核心竞争力：荣亿精密（873223）

（一）审核问题

公司共有 5 名核心技术人员，其中 2 人为初中学历，2 人为高中学历，1 人为大专学历。请发行人说明核心技术人员学历水平是否与同行业公司存在明显差异，对发行人的持续创新能力和研发能力的影响，发行人的“设计与研发”能力如何体现。

（二）发行人回复

在现有产能受限、客户交期紧张的情况下，对于部分工艺简单、附加值较低的产品，发行人通过采购定制成品方式进行交付。报告期内，发行人自产毛利率均高于外协毛利率。发行人采购定制成品的定价方式主要参考原材料、辅料、人工成本及供应商合理利润等综合因素来确定。发行人在维持自身合理利润的前提下，最终确定外协厂商的合作价格，并根据产品加工难易程度的不同，留给外协厂商一定的利润空间。报告期各期，公司采购的除 SMD 产品和冲压件以外工艺相对简单、附加值相对较低的产品合计占比分别为 94.68%、93.37%、93.24%和 84.10%。

发行人未通过提升产能降低采购定制成品占比的主要原因包括：公司经营风格相对稳健，对大规模固定资产投入较为谨慎；采购定制成品有效保障了发行人的整体交付能力；外协厂商资源丰富，发行人选择较多；公司具备对定制成品的质量管控能力等。

公司核心技术人员在精密金属零部件领域均具有丰富的从业经验，均主持或参与过公司的重要或关键项目研发，能够满足对发行人持续创新能力和研发能力的要求。公司在核心技术人员所带领的研发技术团队的多年技术经验积累下，已具有较强的持续创新能力和研发能力，先后被评为国家级专精特新“小巨人”企业、国家级高新技术企业、嘉兴市企业技术中心、海盐科学技术进步奖三等奖。公司高精密金属零部件研发部门被浙江省科学技术厅、浙江省发展和改革委员会、浙江省经济和信息化厅认定为省级企业研究院。

公司以工艺设计为主，同时有部分内部结构设计。外观设计不由公司进行主导，但是公司会根据客户的需要和自身对外观图纸的判断进行设计。产品内部结构设计包括客户设计和公司设计，公司主要依据客户提供的设计图纸进行生产。若遇部分客户仅提出产品要求，不提供产品内部结构图纸，则由公司的研发技术部门对客户产品的内部结构进行具体设计。产品工艺工序设计完全由公司独立进行，主要由公司结合自身的生产设备及技术针对不同产品独立进行设计。

在研发方面，发行人在接收到产品草图后会根据客户提出的产品规格、参数等要求，通过相关研发部门对含有不同成分的合金材料进行检验检测分析及性能测试，确定适合客户所需产品特性的最优材料。发行人根据生产图纸确定的详细规格、参数进行产品模具开发、生产设备及组件选择和参数调校，以及具体生产工艺工序流程设计，以高良品率、高稳定性、高精密度及高性价比为目标进行试样生产，优化生产流程，并在通过客户验证后进行大规模生产。

因此，公司的“设计与研发”能力主要体现为产品研发及工艺设计，为避免出现歧义，发行人已对招股说明书等申报文件中关于“设计”的内容进行了修订，明确为“工艺设计”。发行人的研发能力和竞争力能够有效体现，发行人开发工艺技术对下游客户能够形成有效黏性。

（三）分析与结论

科研能力对企业持续经营具有核心影响力，通过上述分析，发行人具备持续创新能力和研发能力，对客户能够形成有效黏性。

2022 年 6 月，发行人在北交所成功上市。

二十三、产品技术水平与竞争力：奥迪威(832491)

（一）审核问题

补充披露公司产品优势，是否为国际或国内主流技术与发展方向，公司产品是否存在技术落后或被替代的风险，以及公司产品的市场占有率情况。

（二）发行人回复

发行人通过对比不同传感器类型，说明多传感器融合是自动驾驶技术的发展趋势，各类型的传感器并非相互替代的关系，而是互补融合的关系。在短距离测距方面，超声波雷达方案具有精度和成本的显著优势，不易被其他传感器替代。

发行人产品自动驾驶相关传感技术均可用于传统燃油车和新能源汽车，但新能源汽车厂商对车载传感器的应用相较于传统燃油车更为充分，符合未来发展方向。

发行人通过说明产品下游应用领域，主要产品发展阶段，各发展阶段主要产品型号、发展期间、产品性能特点等，说明核心产品为国际或国内主流产品，产品技术的发展符合行业技术的发展方向。

根据公开资料查询并测算，2020 年中国车载超声波传感器的市场容量为 8600 万~12500 万只，公司的国内市场占有率为 17%~24%，2021 年公司市场占有率有较大提升。

（三）分析与结论

北交所上市审核涉及对企业创新性及技术特征的问询，企业应充分说明技术先进性、创新性，符合北交所的板块定位。

2022 年 6 月，发行人在北交所成功上市。

二十四、是否存在市场竞争力不足及业绩下滑的风险：水治理(831511)

（一）审核问题

采取简明易懂、浅白平实的语言补充披露主营业务情况，清晰准确地描述主要业务环节、具体工作内容以及是否属于核心工作或辅助工作、是否外包。与行业内主要企业进行比较，客观充分披露公司竞争优劣势与核心竞争力。公司能否有效应对市场竞争压力，市场份额是否存在被竞争对手抢占的风险，未来成长空间是否受限。

（二）发行人回复及中介机构核查结论

综合性水环境生态治理公司的业务范围大而广，以相对传统的技术路线开展相应业务；专业公司专而精，主要依托自身“专精特新”的技术优势将水体的生态系统进行重新构建或修复。综合性企业主要有东方园林、美尚生态、碧水源、东珠生态等，专业性企业主要有发行人、太和水、中科水生等。综合性企业多以 PPP 模式、EPC 模式为主，专业性企业多以 EPC 模式为主。公司收入结构主要按业务类型进行分类。关于市场占有率，目前行业内无权威准确的统计数据，公司的市场占有率及排名情况无法准确统计。发行人与综合性公司是既竞争又合作的关系，与专业性企业在市场上形成直接竞争。

兴隆湖项目除工程施工阶段不需要进行防渗漏外，公司完成了以上其他所有工作环节，核心工作均由公司自主完成，部分辅助工作由外包完成。岸坡改造、湖底塑型的具体施工、底泥改造的具体施工、沉水植物种植的具体施工等工作采取外包方式完成。

水环境生态治理行业正处于高速发展阶段。中共十九大提出实现美丽中国的目标时点为“到 2035 年，我国生态环境根本好转，美丽中国目标基本实现”；“水十条”要求“到 2030 年，力争全国水环境质量总体改善，水生态系统功能初步恢复，到本世纪中叶，生态环境质量全面改善，生态系统实现良性循环”。据时任环境保护部环境规划院副院长吴舜泽预测：完成“水十条”的全社会投资大概需要 4.6 万亿元，通过加大治污投资将带动环保产业新增产值约 1.9 万亿元。要在 21 世纪中叶实现生态环境质量全面改善的目标，对应年均约 2000 亿元的需求将逐步释放，从而保障行业整体业务发展的基础，公司未来的发展空间具有想象力。

（三）分析与结论

市场竞争力是审核重点关注的问题，发行人及中介机构核查回复后，审核部门在后续反馈问题中，又针对市场竞争力和业绩下滑风险进行了询问，主要内容如下。

首轮问询回复未按要求回答“行业竞争格局及公司市场竞争力”的有关问题，未充分说明“综合性水环境生态治理公司与专业公司的划分依据”、行业内主要企业“与发行人主要业务的异同点、是否存在竞争关系”，未就“市场份额”的问题做合理解释，关于“发行人分包服务的采购金额及占比情况是否与同行业可比公司存在较大差异”的有关数据和结论之间存在明显矛盾，未按要求“客观充分披露公司竞争优劣势与核心竞争力”，未说明公司“累计完成了300余项水环境生态治理项目，在行业中位于前列”的主要依据，漏答“未来成长空间是否受限”等。请发行人认真梳理前期申请文件及首轮问询回复存在的各类问题，重新回答首轮问询中的问题。充分说明发行人是否具有持续获取重大项目的能力，是否存在经营业绩大幅波动或下滑的风险。

2022年7月，发行人终止了上市申请流程，暂未通过上市审核。

二十五、产品竞争优劣势，经营业绩下滑风险：合顺兴（871167）

（一）审核问题

补充披露公司除湿类产品的市场定位情况，与同行业可比公司同类产品对比的竞争优劣势的具体体现；2021年第一季度除湿类产品毛利率较2020年下滑较多（从35.83%下降到26.65%）的原因及合理性，是否存在进一步下滑风险；补充分析境内除湿类产品现有的市场空间及进行自有品牌产品市场拓展措施的可行性和有效性，募投项目年新增除湿类产品产能达14710吨（2020年产能为10575吨），是否有足够消化能力。

（二）发行人回复及中介机构核查后结论

发行人从产品性能指标、目标客户、售价水平等角度补充披露了公司除湿类产品的市场定位情况。公司作为沃尔玛、永旺等知名连锁商超长期、稳定的供应商，在行业内具有一定的知名度和市场影响力。

发行人补充披露了行业内“复合干燥剂”的研发应用进展及投产情况，考虑到成本和工艺成熟度等因素的影响，预计其对公司现有产品结构的冲击较小。此外，公司已采取相关应对措施，能够在一定程度上防范相关风险。

发行人与境内外行业最新技术水平的差异较小，在技术、工艺、产品功能等方面具备一定的先进性和创新性，目前主要产品类型及生产制备工艺被替代或淘汰的风险较小。

发行人2021年除湿类产品第一季度毛利率下滑较多主要是受到汇率波动，以及直接人工、制造费用增加等因素影响。结合在手订单、调价机制、成本变动等情况，2021年1—9月除湿类产品毛利率与2021年第一季度基本一致，不存在进一步下滑的风险。

发行人补充分析了境内除湿类产品现有的市场空间及进行自有品牌产品市场拓展措施的可行性和有效性，已在着手推进新增产能的相关消化措施，募投项目拥有较为充足的消化能力。

（三）分析与结论

产品竞争力是公司持续经营的基础，也是审核常见的问题之一，发行人及中介机构核查回复后，审核部门在后续反馈问题中，又针对经营业绩下滑风险问题进行了询问，主要内容如下。

根据招股说明书及首轮问询回复，发行人2021年1—9月的营业收入较上年同期增长20.77%，受美元兑人民币平均汇率较上年同期下降及搬迁至新厂区后生产成本中直接人工、制造费用上升的影响，毛利率较上年同期下降9.60%，净利润较上年同期下降40.15%。发行人在2020年9月搬迁至新厂区后，产能、厂房设备、生产及管理人员增加，生产成本中直接人工及制造费用增长。受新冠肺炎疫情及海外运输不畅影响，产销量增长缓慢，产能未能完全消化。

请发行人分析说明自2020年以来各季度及期后的销售收入、净利润、毛利率变化情况及原因，说明经营业绩下滑趋势是否已扭转，是否仍有对持续经营能力存在重大不利影响的因素；分析海外疫情及运费上升等因素对持续获取境外客户订单的影响，是否存在丧失部分境外客户的风险，境外业绩是否存在持续下滑的风险。

2022 年 7 月，发行人终止了上市申请流程，暂未通过上市审核。

二十六、技术合作是否具有“突击目的”：大禹生物（871970）

（一）审核问题

核心竞争力披露不充分，技术合作是否具有“突击目的”；重新说明发行人的生产经营是否与基因工程和蛋白质工程存在实质联系；说明 2020 年 8 月集中受让专利技术交易的目的、价格及与主营业务的协同情况。

（二）发行人回复

公司进一步阐明了“菌酶药肽”一体化技术的含义、现有产品中完整应用“菌酶药肽”一体化技术的产品类型、报告期各期的销售金额及占比情况。

公司以“菌酶药肽”一体化固体发酵技术的理念为基础，扩展出 5 项核心技术，分别为智能控制微生物发酵生产技术、促生长产品技术、替代抗生素技术、颗粒包衣技术和固体发酵工艺控制技术。公司的“菌酶药肽”一体化技术已经成熟运用于公司的产品中。报告期内，完整应用“菌酶药肽”一体化技术的产品的营业收入呈增长趋势。

2021 年 4 月 1 日，公司取得了《一种黑曲霉葡萄糖氧化酶基因的高效表达方法》发明专利受理通知书。为了进一步提升公司的研发水平，增强公司的单菌以及酶制剂产品的竞争力，促进产学研结合，公司分别于 2021 年 7 月与西北农林科技大学、2021 年 9 月与中国农业科学院北京畜牧研究所合作，进行菌种的基因工程和蛋白质工程改造工作，提高产品的表达能力和性质。公司与高校签订合作协议并非出于突击目的，也不存在“蹭热点”的情形。

2020年8月，公司集中继受取得9项发明专利的目的是吸收转化产业技术，加强公司技术研发，支持公司未来的业务发展，拓宽产品领域。在公司申请2020年国家级专精特新“小巨人”企业时，剔除2020年8月继受取得的9项发明专利后，公司拥有3项发明专利（其中2项为原始取得），拥有9项实用新型专利，1项外观设计专利。2020年，公司申请的相关认证未对公司的发明专利数量有明确要求。公司取得的发明专利不是为了申请上述认证而取得的，而是公司进一步深化研究的补充，为公司主营业务产品继续开发提供技术支撑，与主营业务具有协同作用。

（三）分析与结论

发行人论证了核心技术已具有成熟的市场应用，继受取得的专利技术具备商业合理性，不存在突击数量或“蹭热点”的目的，核心技术与主营业务具有协同作用。

2022年5月，发行人在北交所成功上市。

二十七、知识产权归属：七丰精工（873169）

（一）审核问题

公司的发明专利系公司自主研发但前期登记在实际控制人名下，说明发行人与实际控制人资产是否混同、资产权属是否清晰。

（二）发行人回复

经对实控人进行访谈，上述两项发明专利均为以发行人实际控制人为代表的发行人研发团队于工作期间，在本职工作中利用公司的资金、设备、零部件、原材料以及公司不对外公开的技术资料形成的技术成果，根据《中华人民共和国专利法》《中华人民共和国专利法实施细则》的相关规定，应当属于职务发明，其所有权应当归属发行人。

公司以实际控制人的个人名义提起发明专利申请的原因，系根据当时有效的《专利费用减缓办法》（国家知识产权局局令第 39 号）（现已废止）规定，相较于企业申请人或企业专利权人，申请人或专利权人为个人的，可向国家知识产权局请求减缓缴纳比例更高的申请费、发明专利申请审查费、年费及发明专利申请维持费和复审费，故 2009 年时以实际控制人个人名义申请上述两项发明专利。

2015 年 5 月，为配合发行人整体变更设立股份有限公司并规范公司治理，实际控制人将发明专利权属还原至发行人名下。国家知识产权局出具《手续合格通知书》，发明专利的专利权人由实际控制人变更为发行人“七丰精工”。此后，发行人再申请取得的专利权和专利申请权均以发行人为所有权人，未发生以实际控制人及其他法人或自然人名义为权属所有人的情形。

（三）分析与结论

专利权人已由实际控制人个人变更为发行人公司，发行人与实际控制人不存在专利等无形资产混同的情形，不会对发行人上市构成实质影响。

2022 年 4 月，发行人在北交所成功上市。

第四章

公司治理相关案例

上市审核对于公司治理的要求是具备健全且运行良好的组织机构，治理规范。

对公司治理的核查，包括发行人组织结构和三会的运作情况，了解总部与分（子）公司、董事会、专门委员会，总部职能部门与分（子）公司内部控制决策的形式及执行有效性，是否依法建立了健全的股东大会、董事会、监事会、独立董事、董事会秘书制度，关注报告期内发行人公司治理存在的缺陷及改进情况。

结合历次三会的会议文件，了解发行人是否按期召开三会，董事会和监事会是否按期及时进行换届选举，会议文件是否完整，会议记录是否正常签署。对重大投资、融资、经营决策、对外担保、关联交易等事项的决策过程是否履行了相应的审批程序。

分析发行人独立董事制度是否合规，独立董事是否知悉发行人的生产经营情况、财务情况，是否在董事会决策和发行人经营管理中实际发挥独立作用。

关于内部控制，董事会及专门委员会是否负责批准并定期审查发行人的经营战略和重大决策，高级管理人员是否执行董事会批准的战略和政策。

关于业务控制，了解销售与收款、采购与付款、生产与存货、研发、货币资金、投资与筹资等各类业务的过程，分析授权与审批、复核与查证、业务规程与操作程序、岗位权限与职责分工、相互独立与制衡、应急与预防等措施是否到位。

关于信息系统控制，了解发行人是否建立了内外部信息搜集整理的有效系统，是否建立了有效的信息沟通和反馈渠道，确保员工能充分理解与执行发行人的政策和程序，并保证相关信息能够传达到应被传达到的人员。

关于会计管理控制，了解发行人是否制定了专门的、操作性强的会计制度，各级会计人员是否具备了专业素质，是否建立了人员培训制度，会计岗位设置是否贯彻“责任分离、相互制约”原则，是否执行重要会计业务授权规定，是否按规定组织对账等。

关于内部鉴定，取得发行人管理层对内部控制完整性、合理性及有效性的自我评价书面意见，分析发行人是否存在内部控制不规范或不能有效执行的情形。

关于独立性问题，核查发行人在资产、人员、财务、机构和业务方面是否保持独立性，是否受控股股东、实际控制人的影响。

关于同业竞争，分析控股股东、实际控制人亲属所控制企业是否与发行人完全独立，有无同业竞争情形，报告期内是否存在交易或资金往来，销售渠道、主要客户及供应商是否存在重叠或潜在利益关系。

关于关联交易，了解关联交易的决策审议程序是否合法合规，交易价格是否公允，是否存在通过关联交易调节收入利润或成本费用、对发行人进行利益输送的情形。

以下就具体案例进行说明。

一、公司治理及内控是否有效：爱信股份(837950)

（一）审核问题

根据发行人申请挂牌时披露的相关信息：“公司拟与关联人达成的关联交易总额在500万元以下、高于50万元或占公司最近经审计净资产值的5%以上、30%以下的，由公司董事会做出决议批准”，说明关联交易或事项未及时履行内部审议程序的原因、关联股东或董事在审议相关交易时是否回避，说明公司治理是否完善，内控制度能否得到有效执行，是否存在管理层不受内部控制制度约束的风险以及应对措施。

（二）发行人回复

发行人在发生前述关联交易时未及时履行内部审议程序的原因主要为公司股权集中度较高，关键管理人员当时对关联交易的理解不足，未能根据“实质重于形式”的原则对关联交易做出识别。此外，关联交易发生时，董事会尚未聘任独立董事，董事会成员均为内部员工，未能形成对控股股东进行制衡和督促的外部力量。

2021 年 4 月 30 日，公司董事会召开第二届董事会第二十三次会议，审议通过《关于补充确认偶发性关联交易的议案》，表决结果为 4 票同意、0 票反对、0 票弃权。关联董事刘红娜、杨志民、王江浩回避表决。独立董事刘斌、刘璐发表了同意的独立意见。该议案无须提交股东大会表决，但董事刘广辉因系刘红娜之近亲属，构成关联董事，未回避表决，本次追认关联交易程序存在瑕疵。

出席本次会议的无关联董事为张宏博、刘斌、刘璐 3 人，根据无关联董事对该议案的表决结果，该议案已经公司董事会审议通过，关联董事未回避表决对该关联交易的审议程序、结果及合法合规性不构成实质性影响。本议案的内容为对报告期内已发生的关联交易进行追认，关联董事未回避表决并非利用表决权牟取私利，未损害公司及其他股东利益。因此，前述关联交易未及时履行内部审议程序已得到纠正，追认关联交易程序存在瑕疵对本次发行不构成重大不利影响。

报告期内，公司已逐步完善治理结构，内控制度得到有效执行，并且已经有针对性地增加了内部控制机构和监督环节，增强对管理层的约束，不存在管理层不受公司内部控制制度约束的风险，同时，公司不存在其他未披露的财务内控不规范的情形，内控制度安全有效、公司治理完善。

（三）分析与结论

公司治理与内控规范性是公众公司的基本要求。审核部门在后续反馈时，再次要求发行人说明公司治理及财务内控的有效性，主要问题如下。

请发行人结合决策程序合规性及整改措施有效性进一步说明：董事、监事、高级管理人员是否已严格遵守法律法规、部门规章、业务规则和公司章程，对公司承担忠实义务和勤勉义务，是否存在违反申请挂牌以来相关主体出具的不利用本人控制关系或其他关系损害公司及公司其他股东利益等公开承诺情形。

公司财务制度是否健全、公司治理是否完善，着重说明公司有关内控制度是否完善、整改措施是否到位、后续是否存在持续发生类似财务不规范情形的可能，公司控股股东、实际控制人及董事、监事、高级管理人员针对报告期内财务内控不规范情形是否已出具彻底整改或规范的公开承诺。

截至 2022 年 3 月发行人终止上市申请时，暂未对上述问题进行回复。

二、销售订单真实性与内控有效性：汇群中药（832513）

（一）审核问题

说明销售订单生成依据及内控有效性，说明是否存在对信息系统数据进行人为修改的情况，手动录入订单是否有合理的依据；是否全部采用当面验收方式并获取客户签字，是否存在事后以其他方式验收、业务员代签、伪造客户签字的情形。

（二）发行人回复及中介机构审核

通过单笔合同、订单方式下单的客户，公司依据双方签订的合同、从客户平台下载的订单信息或客户通过电子邮件发送的订单信息等生成销售订单。通过即时通信工具下单的客户，公司依据客户通过电话、微信、QQ 等方式订货的记录生成销售订单。发行人通过内容要素齐全且经客户签字确认的销售出库单对销售订单生成依据进行追认，并配合配货、复核、送货、验收、对账、收款等多个环节进行内部控制，公司对销售收入实现的全流程形成了有效的内部控制。

部分订单存在修改记录，主要是录入差错、客户减少或订货量增加等正常原因，不存在公司发货后再对销售订单进行人为修改的情形，也不存在在各期期末对销售订单进行批量创建、批量修改的情形。订单输入的 IP 地址呈现时间和地址离散性分布，不存在集中 IP 地址下单和集中时间段下单的情形。

对于中药饮片、外购成品，客户会根据产品外观进行当面验收（无须再次检测）并获取客户签字。对于中药材分为两种情况：无需进行检测的中药材，如向连锁药店销售冬虫夏草等，客户会根据产品外观进行当面验收并获取客户签字；需要进行检测的中药材，如药厂投料用中药材，货品到达客户后，客户需要对中药材进行相应的检测，在检测合格后验收并获取客户签字。除上述情况外，不存在事后以其他方式验收的情形，也未发现业务员代签、伪造客户签字的情形。

（三）分析与结论

内控制度是保障公司运营及财务真实性的基础，发行人及中介机构本次回复后，审核部门在后续反馈中，再次对内控制度是否健全并有效执行的问题进行了询问，可以看出对此问题的关注，主要内容如下。

根据前次问询回复，非法人客户占比及现金结算占比较高，2018 年至 2021 年 1—6 月，非法人客户数量分别为 2279 个、2110 个、1779 个、1313 个，占客户总数比例分别为 65.51%、61.82%、54.59%、48.97%；向非法人客户销售现金结算占比较高，各期占比分别为 46.29%、27.97%、26.26%、7.31%。在各期收入中，缺少留存下单指令的数量占比分别为 67.78%、58.96%、46.82%、13.58%，金额占比分别为 41.93%、33.21%、24.40%、5.88%。通过第三方物流仅能验证未保留下单指令的订单数量占比分别为 18.42%、21.58%、17.08%、15.14%。

请保荐机构及申报会计师对报告期内销售收入的真实性做进一步补充核查，并就发行人销售循环是否建立了健全有效的内控制度，以及是否得到了有效执行发表明确核查意见。

2022 年 3 月，发行人终止了上市申请流程，暂未通过上市审核。

三、内控制度的整改与规范：科润智控(834062)

（一）审核问题

是否就期货交易有关事项建立监督、决策等机制，说明发行人公司治理结构是否健全，是否已经建立完善的内部控制制度并有效执行。

（二）发行人回复

报告期内，公司存在因未按照期货套期保值交易原则和规则操作导致的期货交易损失及以下不规范的行为：因业务规模快速增长，为满足企业自身生产经营活动对流动资金的需求，通过转贷方式获取了部分流动资金；因票据收支与票面金额不匹配，向供应商、客户进行票据找零；由于客户公司资金周转不便，客户委托第三方支付款项。公司已于2021年4月末停止期货交易，并于2021年7月注销期货账户，截至本问询函回复出具日，公司未再发生期货交易行为，亦不存在因其他对外投资行为导致的损失。发行人已对上述行为进行规范整改，并建立健全公司治理制度和内部控制制度来防范财务舞弊，避免资金占用，确保公司财务的独立性。

公司就防范财务舞弊、避免资金占用、违规担保、确保财务独立性等方面采取了以下相关措施。

建立了完善的公司治理制度和内部控制制度。公司根据最新的监管要求，结合实际情况，修订了公司章程及以下管理制度及规则：《股东大会议事规则》《董事会议事规则》《对外担保管理制度》《对外投资管理制度》《信息披露管理制度》《投资者关系管理制度》《关联交易决策制度》《防范关联方资金占用管理制度》《董事会秘书工作制度》《监事会议事规则》《募集资金管理制度》《财务管理制度》等制度文件，对防范财务舞弊、避免资金占用、违规担保、确保财务独立性等进行了详细的规定，并得到了有效执行。

搭建相互制衡的公司治理结构，能够对公司经营行为进行有效监督。公司根据《中华人民共和国证券法》《中华人民共和国公司法》《全国中小企业股份转让系统挂牌公司治理规则》的规定制定、完善了《独立董事工作细则》《内部审计制度》等制度文件。独立董事、监事对公司的经营管理行为进行监督，审计委员会及其下辖的内部审计部负责公司的内部审计事务，能够保障相关内部控制制度的实施，规范公司的经营管理行为。

实际控制人出具了相关承诺。为更好地维护公司和其他股东的合法权益，避免未来可能出现的资金占用和影响财务独立性的情形，公司实际控制人出具了《关于避免关联方资金占用的承诺函》《关于规范关联交易的承诺函》《关于规范公司对外投资行为的承诺函》，并切实履行了相关承诺。报告期内，公司严格执行治理制度和内控制度，内部审计部和监事会切实履行了监督职责，未发生财务舞弊、资金占用、违规担保等情形。

（三）分析与结论

发行人对于防范财务舞弊、避免资金占用、违规担保、确保财务独立性等方面采取了相关的措施，能够保证内控制度的执行和有效性。

2022 年 7 月，发行人在北交所成功上市。

四、票据管理规范性、转贷内控有效性：科创新材（833580）

（一）审核问题

发行人报告期后票据找零行为是否继续发生，说明转贷相关内部控制制度及执行有效性。

（二）发行人回复

自 2019 年开始，发行人寻找合作银行，采用大额应收票据质押换开小额应付票据的形式，加快公司票据周转，通过“大票换小票”的形式，票据找零情况逐步得到规范。发行人报告期后的票据找零行为没有继续发生，公司对票据管理的相关行为已经得到了规范。同时，随着电子银行承兑汇票的推广，公司对银行承兑汇票的管理更加规范，票据找零的情形得到了较好的控制。截至招股说明书签署之日，上述通过转贷供应商取得的银行借款均已归还，不存在逾期未归还的情形。

针对转贷等财务不规范情形，发行人已将通过转贷供应商取得的银行借款归还完毕。公司治理层和管理层高度重视转贷等财务不规范情形，自发行人本次股票公开发行的申请材料向监管部门报送之后，发行人不存在转贷等不规范情形。发行人新签署的银行借款合同均要求约定支付方式由受托支付改为自主支付。发行人根据自己内部的资金支付计划进行支用贷款，银行根据贷款性质进行贷后审核。

发行人积极和银行合作开展形式多样的贷款，用以支付工资、相关税费、货款等流动资金。发行人制定了资金内部控制制度，禁止转贷行为的发生。发行人期后未发生转贷行为，相关内部控制制度执行有效，相关行为得到规范。

（三）分析与结论

发行人报告期后的票据找零行为没有继续发生，公司对票据管理的相关行为已经得到了规范。转贷相关内部控制制度执行有效，转贷的规范整改措施及效果有效，期后未发生转贷行为，相关行为得到规范。

2022 年 5 月，发行人在北交所成功上市。

五、财务内控不规范情形是否彻底整改：七丰精工（873169）

（一）审核问题

针对报告期内财务内控不规范采取的切实可行的具体整改措施，说明如何保证相关内部控制制度健全并有效执行。

（二）发行人回复

报告期内，公司存在使用蔡学群个人卡代收废料收入的情况，主要系收集废料的为个人，个人账户转到公司账户操作较复杂，且其规范意识不强，出于便利性考虑，通过蔡学群个人卡代收废料收入。针对此类不规范事项，公司的具体整改措施如下。

（1）规范废料收入行为：自 2020 年 11 月起，公司未再发生代收废料收入的情形，废料销售事项出售频率平均每月两次左右。

（2）健全内部控制制度：贯彻实施《财务管理制度》《内部审核制度》等内部控制制度，以规范现金收入相关的业务流程。

（3）加强废料入库管理：对于生产线产生的废料，各工序的生产人员一般在每批产品生产完毕后或者至少每周一次，将废料收集到废料桶中。车间主任和仓管人员共同将废料收集桶进行称重，并转运至废料堆放处，仓管人员记录本次收集的废料重量。对于研发事项产生的废料，将每次研发业务产生的废料收集到废料桶中，待单个废料桶装满时，研发负责人和仓管人员共同将废料收集桶进行称重，并转运至废料堆放处，仓管人员记录本次收集的废料重量。自 2022 年 1 月 1 日起，废料在指定地点收集，并由仓管人员记录收发存数量。

（4）规范废料销售过程：销售废料时，仓库管理员负责废料的称重工作，分别计量毛重和皮重，计算废料的净重，并开具废料销售单据；仓库管理员和废料收购人员签名确认，同时根据经授权人员询价确定的废料单价计算废料金额。

（5）规范废料收入入账：废料收购人员到银行，将本次废料收购款存入公司银行账户，凭现金缴款单据换取废料销售单据的出门联，运出废料。财务部依据废料销售单据和现金缴款单据记录废料收入。

针对实际控制人及关联方代发员工奖金及工资事项的具体整改措施如下。

（1）注销代发工资及奖金的主体和个人银行账户：存在代发工资及奖金的关联方主体盐丰包装已于 2021 年 9 月注销，存在代发奖金的蔡学群个人银行账户已于2022年1月注销。

（2）建立健全制度文件：建立并完善内部控制制度，修订了《财务管理制度》《绩效考核管理办法》等内部控制制度，以规范职工薪酬计提及发放的相关业务流程。

（3）规范职工薪酬计提与发放：公司修订了财务管理制度和绩效考核管理办法等相关制度文件，规范员工入职、离职的授权审批程序和及时登记，保证员工薪酬支付范围的完整性和真实性；行政人事部负责根据员工出勤及业绩情况计算月度职工薪酬，并按照公司授权审批程序逐级审批，财务部按照权责发生制计提入账。财务部根据经恰当授权审批的工资计算表，通过银行批量支付的方式支付到员工的个人银行账户。

针对转贷事项的具体整改措施如下。

（1）归还转贷相关的借款：截至2019年9月3日，涉及转贷事项的贷款已全部还清，后续未再发生转贷情形。

（2）建立健全制度文件：建立并完善内部控制制度，修订了《财务管理制度》等内部控制制度，加强资金管理、融资管理等方面的内部控制与规范运作程度。

（3）提高合规和风险意识：组织董事、监事、高级管理人员及财务人员等深入学习《贷款通则》《流动资金贷款管理暂行办法》等规章制度的相关内容，提高前述人员的合规意识和风险意识。

（4）规范贷款资金使用：贷款业务发生时，严格按照贷款银行的要求，按公司实际支付需求向银行提交经公司恰当审批的购销合同，并将款项支付给供应商。

针对财务内控不规范事项，公司建立健全了相关的内控制度，梳理并规范相关业务的流程及程序。报告期内，未再新增关联方代收废料款，关联方代付工资、奖金及转贷等财务内控不规范事项，相关内控制度得到了有效执行。

另外，实际控制人出具了避免转贷的承诺。若因“转贷”行为导致发行人受到行政处罚或者任何其他损失的，实际控制人将承担全部不利后果并对发行人遭受的损失进行全额赔偿。

（三）分析与结论

发行人报告期内存在已披露的部分废料收入未入账，通过关联方银行账户代收废料款，通过关联方代为支付员工薪酬、奖金及转贷等不规范情形，但已通过纠正不当行为、加强内部控制等方式积极整改，已建立内部控制制度并有效执行，且报告期后未发生新的不合规行为。因此，发行人在所有重大方面保持了有效的与财务报告有关的内部控制。

2022 年 4 月，发行人在北交所成功上市。

六、控股股东朋友将房产无偿租赁给发行人的合理性：天润科技（430564）

（一）审核问题

发行人说明控股股东、实际控制人未将自有房产投入发行人的原因及合理性，发行人与无偿出租方是否存在其他利益安排。

（二）发行人回复

公司无偿向其控股股东、实际控制人陈利、贾友租赁房屋用于办公等用途，相关房产未投入公司的原因如下。

公司属于轻资产型企业，经营场所主要是办公楼宇，而非生产型企业的车间厂房和仓储仓库，日常经营对办公场所的位置、环境、设施及硬件并无特殊或特定要求，发行人及分（子）公司租赁房产就完全可以满足发行人及其分（子）公司经营需要。

租赁房产市场资源丰富，当公司具体开展业务工作时，如需要员工常驻项目实施地点或者客户有相关要求，公司可以根据业务需要在当地租赁房产，以供员工现场办公及住宿等。如项目周期较短，现场无须常驻人员，则公司无须租赁房产。

因此，采取租赁经营场所方式而非自主拥有经营场所产权方式符合公司业务特点，以租赁方式使用相关房产能够满足公司业务经营需求，不会对发行人的业务独立性造成重大不利影响。

无偿出租方中除控股股东、实际控制人外，其他无偿出租方均不是公司的关联自然人或关联法人，公司与其他无偿出租方之间不存在关联关系，不存在其他利益安排。报告期内，保荐人、会计师对发行人实际控制人、董事、监事、高级管理人员及关键岗位人员交易单笔金额在 5 万元人民币以上的流水进行记录并逐笔核查，不存在与发行人无偿租赁方的任何资金往来。

（三）分析与结论

以租赁方式使用相关房产能够满足其业务经营需求，不会对发行人的业务独立性造成重大不利影响。经中介机构查询国家企业信用信息公示系统、天眼查等网站了解发行人及出租方的关联关系，得到发行人与无偿出租方不存在其他利益安排。

2022 年 6 月，发行人在北交所成功上市。

七、对技术人员是否存在依赖，是否具备独立研发能力：七丰精工(873169)

（一）审核问题

补充披露航空航天产品领域生产线及生产设备的权属情况和技术来源，是否存在相关纠纷或潜在纠纷；说明是否对航天精工相关技术及人员存在依赖，是否具备生产流程和生产工艺等方面独立的研发能力。

（二）发行人回复

2011 年 12 月 30 日，发行人与航天精工签订《合作框架协议》后，并未实际履行该协议中约定的主要内容。航天精工除前期向发行人派驻人员，对发行人建设航空航天领域产品生产线提供建议外，未向发行人提供相关技术，发行人航空航天产品涉及的技术系自行研发，航天精工未向发行人投入资金及相关生产设备，发行人航空航天产品生产线及全部的生产设备均由发行人采购并安装，相应产权归属于发行人。航天精工向发行人派驻人员期间，相关人员的劳动社保关系归属于航天精工，工资由航天精工进行发放。2014 年 3 月，由于航天精工上级主管单位未批复同意双方开展股权合作，上述航天精工派驻人员立即结束现场合作，双方合作未形成具体研发成果。双方合作期间，未发生相关纠纷，也不存在潜在的纠纷。

2011 年，为推动紧固件产业升级，海盐县政府筹划引进中国航天科工集团航天精工有限公司；2011 年 12 月，航天精工以取得上级主管部门批复为前提条件，选择增资入股发行人，帮助发行人进军高端紧固件领域。在申请上级主管部门批复期间，恰逢发行人自 2013 年起租赁海泰克新厂房，航天精工先行向公司派驻部分人员进行前期磋商，进一步商定合作的具体内容，包括如何按照航空产品技术要求建设新厂房和筹建航空航天新产品生产线等，后因航天精工上级主管单位未批复同意开展股权合作，2014 年 3 月，双方决定终止合作协议，航天精工派驻人员即结束现场合作。上述磋商期间，航天精工仅在厂房建设和航空航天产品生产线筹建方面向发行人提供建议，双方未开展实质性研发生产。截至本《招股说明书》签署日，发行人的航空航天产品生产线及全部的生产设备均由发行人采购并安装，相应产权归属于发行人。

综上所述，发行人已掌握航空航天产品领域的生产流程和生产工艺，公司具有生产流程和生产工艺等方面的独立研发能力，不存在对航空航天相关技术及人员的依赖。

（三）分析与结论

发行人的航空航天产品领域生产线及生产设备不存在相关纠纷或潜在纠纷，对航天精工相关技术及人员不存在依赖，发行人具备生产流程和生产工艺等方面独立的研发能力。

2022 年 4 月，发行人在北交所成功上市。

八、关于与部分客户或供应商的资金往来商业合理性：优炫软件（430208）

（一）审核问题

补充披露报告期内发行人对外拆出资金的具体情况，资金拆借的原因及合理性；资金拆借方与发行人、控股股东及其实际控制人是否存在关联关系或其他利益安排，是否构成资金占用。

（二）发行人回复

发行人补充披露了报告期内对外拆出资金的具体情况。其中，公司与非关联方的资金拆借款金额相对较小，无须履行董事会、股东大会审议程序及信息披露义务，非关联方资金拆借款均已于发生时经财务总监、总经理等内部付款审批。公司与关联方乾元大通、于莉的资金拆借事项未及时经公司董事会、股东大会审议通过，存在程序瑕疵。但公司事后对关联方内部审议及信息披露不及时等事项进行了整改，履行了披露义务。

上述资金拆借款主要系项目运营所需，合作方用款紧张，公司资金拆出款用于项目资金周转所致。因上述借款用于公司积极拓展市场，对合作关系良好的相关合作方给予了一定的资金支持，具有商业合理性。

除乾元大通、于莉为关联方外，其他资金拆借方与发行人、控股股东及其实际控制人不存在关联关系或其他利益安排。资金拆借方中乾元大通、于莉构成资金占用，但已于《招股说明书》签署之日前得以整改，且上述款项均已计提利息，未实质上占用公司经济利益。其他资金拆借方取得的拆借资金，主要用于生产经营活动，实质上未被公司控股股东、实际控制人、董事、监事、高级管理人员及其关联方等占用，不构成资金占用。

（三）分析与结论

审核关注发行人资金拆借的原因及合规性，发行人在公司治理及内部控制执行方面存在一定的薄弱环节。发行人回复后，审核反馈又进行了后续反馈，其中涉及“关于与部分客户或供应商资金往来的商业合理性”等问题。

根据申请文件，报告期内发行人向 19 家客户或供应商累计拆出资金 3846.83 万元，借款时间多在 2~3 年，截至 2022 年 3 月 31 日未归还金额约为 400 万元，相关客户或供应商多为成立时间较短的小微企业且报告期内部分已注销，8 家最终未形成合作成果；报告期内发行人其他应收款中备用金余额分别为 873.39 万元、1375.78 万元、1295.61 万元，主要为出纳及销售人员借支，期后结算以现金归还为主，费用报销金额较小；报告期内发行人控股股东、实际控制人、董事、监事、高级管理人员及关键岗位人员与客户或供应商存在较多的流水往来。

请保荐机构、申报会计师逐笔说明发行人及其实际控制人、员工与客户或供应商资金往来的合理性，借款时间较长或未归还的原因，资金往来是否构成闭环，相关采购或销售的真实性，是否存在虚构交易、资金占用、商业贿赂等违规行为；说明部分员工长期超额借支备用金，未及时履行报销手续，并以现金形式归还相关款项的原因及合理性，是否存在账外支付成本费用，成本费用归集不准确、不完整等情形；说明发行人针对采购、生产、销售建立的内控制度及执行情况，是否存在相关个人账户与发行人客户及实际控制人、供应商及实际控制人、发行人股东、发行人其他员工或其他关联自然人的大额频繁资金往来；进一步说明针对发行人是否存在资金闭环回流、是否存在体外资金循环形成销售回款或承担成本费用等情形；说明报告期内是否存在个人卡结算，无合同、无发票进行交易，无客户签收单进行收入确认等财务不规范情形。

截至 2022 年 7 月发行人终止上市申请时，暂未对上述问题进行回复。

九、关联交易公允性及对发行人独立性影响：合顺兴（871167）

（一）审核问题

2020年9月，在自建厂房投入使用前，发行人租赁控股股东、实际控制人卢武明的厂房用于生产经营，是否对发行人资产完整性和独立性构成重大不利影响。报告期内，发行人与实际控制人卢武明共同向银行借款用于发行人日常生产经营活动，借款资金发放入发行人账户，发行人与卢武明共同承担还款责任，是否存在实际控制人占用资金的情况或实际控制人代为承担成本费用的情况。

（二）发行人回复

2020年8月底前，发行人租赁所有权人卢武明的厂房用于生产经营，房租价格公允。经对“58同城”网站公开信息的查询，位于珠海市金湾区平沙镇厂房挂牌出租价为0.33~0.8元/平方米·天，发行人最后一期租赁实际控制人上述厂房价格为0.34元/平方米·天。因发行人租赁实际控制人厂房为毛坯房，发行人对其进行了装修，同时因发行人租赁时间较长也比较稳定，因此厂房租赁价格虽处于市场价的较低水平，但仍处于市场价格合理区间，价格公允。

自2020年9月起，发行人开始使用自建厂房，与卢武明解除了厂房租赁关系，卢武明将上述自有厂房租赁于其他企业。由于在上述租赁厂房具备转让条件前发行人已规划自建厂房，并且为了避免厂房转让产生高额的税费，卢武明未将上述租赁厂房投入发行人。发行人已在自有产权房内进行生产经营，不再继续租赁实际控制人厂房，发行人资产完整、独立。

发行人被借款银行认定为中小微企业，由于发行人上述贷款为信用贷款、未提供抵押担保，发行人的实际控制人需作为共同借款人共同承担还款责任。2021年3月后，发行人被借款银行认定为中型企业，同时向借款银行提供了抵押担保，因此2021年6月的银行贷款已不再采取共同借款的方式，而是由实际控制人及其配偶提供担保。

借款资金根据借款银行和发行人签订的合同，用于补充流动资金、购买原材料等发行人生产经营所需。资金由借款银行汇入发行人账户供发行人使用，借款利息全部由发行人支付，不存在实际控制人占用资金或实际控制人代为承担成本费用的情况。

（三）分析与结论

独立性是公司运营的基础，也是审核常见的问题之一，发行人及中介机构核查回复后，审核部门在后续反馈问题中，又针对发行人内部控制的有效性，以及资产、业务、人员、机构和财务的独立性问题进行了询问，主要内容如下。

请发行人说明：租赁实际控制人厂房装修费用的账务处理，结合厂房所在地区毛坯房租赁价格、实际控制人厂房目前租赁价格，进一步说明租赁价格的公允性；共同借款履行的内部决策程序，共同借款是否曾打至实际控制人控制的账户；逐笔说明该借款与还款的时间、本金、利息金额和具体流向，借款时未提供抵押而采取共同借款方式的合理性；发行人实际控制人卢熙兼职事项是否合规，发行人完善公司治理、确保内部控制健全有效的具体措施；结合上述情况，进一步说明发行人资产、业务、人员、机构和财务是否独立于实际控制人，并充分揭示相关风险。

2022年7月，发行人终止了上市申请流程，暂未通过上市审核。

十、关联交易的合理性与公允性：鑫汇科（831167）

（一）审核问题

说明发行人与艾美特、南京韦乐雅斯、中山市金广家庭电器交易的必要性、公允性；说明发行人向宁静电器销售商品的合理性、交易价格的公允性，短期内转让中山鑫能股权的原因及合理性。

（二）发行人回复及中介机构核查后认为

1. 存在的关联交易情形

2017 年 9 月 11 日，张勇涛入职鑫汇科并担任公司董事。报告期内，张勇涛曾在艾美特、中山市金广家庭电器有限公司担任董事，南京韦乐雅斯为张勇涛之子张聪控制的企业，科尔技术的股东为张勇涛之弟张勇帆，发行人与上述公司发生了多笔关联交易。2018 年 1 月，张勇涛向发行人永久无偿转让 13 项专利及专利申请权。2020 年 2 月，公司收购科尔技术 60%的股份，科尔技术成为公司控股子公司。

宁静电器曾是公司控股子公司股东刘文亮控制的公司。2018 年，公司向宁静电器销售商品的金额为 943. 10 万元，占当期营业收入总额的比例为 1. 91%；向宁静电器采购商品的金额为 0. 20 万元。2018 年 5 月，公司与两自然人股东投资设立中山鑫能；2018 年 8 月，公司将持有的中山鑫能的股权转让给第三方。2018 年、2019 年公司均向中山鑫能销售产品。

2. 反馈回复及核查意见

发行人补充披露了向艾美特科技采购和销售商品的具体内容；发行人与艾美特科技、南京韦乐雅斯、中山市金广家庭电器交易具有必要性、公允性。

发行人补充披露了 2018 年、2020 年向科尔技术采购商品、购买设备的具体内容，发行人收购科尔技术具有必要性、公允性。

张勇涛向发行人无偿转让专利具有合理性，其转让专利报告期内未实际应用公司产品，未实现收入，发行人与张勇涛不存在其他利益安排；张勇涛转让的相关专利均是自主研发，不涉及原单位职务成果，不违反竞业禁止的有关规定，不存在违反保密协议的情形，不会导致发行人的技术存在纠纷及潜在纠纷。

发行人向宁静电器销售商品具有合理性，交易价格具有公允性。

发行人短期内转让中山鑫能股权具有合理性，股权交易价格按出资额确定，具有公允性，转让后仍向中山鑫能销售商品属正常的商业合作。

（三）分析与结论

对于关联交易，重点核查其是否影响发行人的经营独立性，是否存在通过关联交易调节收入利润或成本费用、向发行人利益输送的情形。本案例中发行人通过披露采购商品的具体内容，说明商业合理性、价格公允性，不存在利益输送情形，不影响上市审核。

2022 年 5 月，发行人在北交所成功上市。

十一、关联采购能否保证生产经营的独立性：路斯股份（832419）

（一）审核问题

天成鑫利为公司控股股东天成集团的全资子公司，是公司的主要供应商之一。为减少关联交易，公司除了从天成鑫利处采购鸭肉等原材料外，还从非关联方处采购相关原材料。说明相关供应商的鸭肉来源，是否最终来源于天成鑫利；公司关联交易的相关制度能否有效保证公司生产经营的独立性。

（二）发行人回复

公司报告期内新增的供应商主要为公司所在地周边的专业鸭肉制品生产企业、大型家禽类企业集团的子公司等，与公司不存在关联关系。上述供应商主要通过其客户开拓、供应商集团历史合作、发行人主动询价等方式建立起合作关系，其相关鸭肉来源除潍坊奥海饲料有限公司是向其他公司批发购入外，其他供应商的鸭肉均为自主生产。此外，通过获取天成鑫利报告期内的客户明细，与上述新增供应商名单进行比对，确认天成鑫利的客户与上述供应商不存在重叠。报告期内，公司新增的鸭肉类供应商其鸭肉不存在来源于天成鑫利的情况。

目前，公司已经在其《公司章程》中对关联交易有关事项做出原则性规定，并在《关联交易管理办法》中对关联交易的交易内容、审议程序、交易价格等进行了具体的规定。公司已经建立了较为完善的关联交易相关制度。

在业务管理制度中，按照公司供应商管理的相关制度要求，为保证主要原辅材料的供应安全，至少选择两家以上的供应商进行询价、采购；公司采购主要原辅材料等物资时，需要按照市场供给情况比质比价并结合供应商交付时间、付款条件等差异化情况来决定供应商、采购品种及数量。上述业务管理制度，也对公司关联交易的具体交易行为进行了规范。同时，公司实际控制人与控股股东已做出有关规范和减少关联交易的承诺。

天成鑫利是公司所在地附近规模最大的鸭肉类产品生产商之一，由于公司具有稳定的鸭肉制品需求，因此在短期内天成鑫利仍将是公司重要的鸭肉制品供应商之一。但公司将进一步强化相关管理制度的执行，严格进行供应商的比选，在同等条件下向非关联方进行采购。向天成鑫利采购将按照公司的管理制度履行有关决策程序，并及时进行披露和公告。

目前，公司从天成鑫利采购的产品主要为鸭小胸、鸭大胸及鸭架类产品，上述产品市场供应充足、质量较稳定，无明显季节性要求，可满足产品大批量生产，因此发行人从天成鑫利采购的鸭肉原料均可以从其他供应商采购，具有可替代性，故发行人对天成鑫利不存在采购依赖。

（三）分析与结论

报告期内，公司新增供应商的鸭肉不存在来源于关联方的情况；公司相关规范和减少关联交易的制度、措施能够有效保证公司生产经营的独立性。

2022 年 3 月，发行人在北交所成功上市。

十二、关联交易非关联化问题：瑞科汉斯（839768）

（一）审核问题

山西壹先设立时由发行人实际控制人控制的其他企业的高级管理人员、发行人员工代持股权并担任董事、监事、高级管理人员，2020 年 6

月，上述两人向陈某欣转让股权并辞去职务。说明前述股权转让是否真实，是否存在股权代持或委托持股情况，是否存在关联交易的非关联化。说明发行人与山西壹先、山西黎中业务开展的真实性、合规性、交易定价公允性，是否存在通过前述交易代垫成本费用、调节经营业绩的情况，是否存在利益输送和商业贿赂的情形。

（二）发行人回复及中介机构核查结论

2019 年 4 月 26 日至 2020 年 6 月 4 日，张雪、王婷婷代陈某欣持有山西壹先股份，各方均未实际出资，股权转让系为恢复股东身份；山西壹先一直由陈某欣实际控制并主导经营管理，张雪、王婷婷代持股份，挂职期间未实际参与山西壹先的经营管理，未从山西壹先获取包括工资、奖金等在内的报酬；公司与山西壹先业务的合作完全按照市场化进行，不存在利益输送和倾斜，不存在关联交易非关联化行为。

报告期内，除张雪、王婷婷在 2019 年 4 月 26 日至 2020 年 6 月 4 日代陈某欣持有山西壹先股份，在 2018 年 4 月 23 日至 2021 年 6 月 10 日代发行人副总经理张兴华持有南京一农农业科技有限公司（曾用名：吉林省一农农业科技有限公司）49%的股权外，不存在发行人控股股东、实际控制人、董事、监事、高级管理人员及其近亲属或关系密切人员曾在或正在发行人主要客户任职的情况，亦不存在发行人及其控股股东、实际控制人、董事、监事、高级管理人员与发行人主要客户存在其他关联关系的情形。

为确认公司与山西壹先、山西黎中的业务真实性，保荐机构、会计师获取了山西壹先、山西黎中 2019 年至 2021 年的销售产品数量明细，与发行人销售数据进行核对，计算两家经销商截至 2021 年 6 月 30 日的存货结余数；实地查看了山西壹先经营场所，检查了存货结余情况；根据山西壹先、山西黎中对外销售明细选取主要乡镇，实地走访乡镇一级“煤改电”主管部门或村委会，核查山西壹先、山西黎中对外销售的真实性，并随机走访了各乡镇村民，查验了电采暖设备安装和使用情况。因此，发行人与山西壹先、山西黎中开展的经销业务真实。

山西壹先、山西黎中在运城市、长治市下辖区、县通过“煤改电”专项通道销售电采暖设备是在发行人中标目标地域冬季清洁取暖“煤改电”项目后进行的。发行人获取产品入围资格，按照《中华人民共和国招标投标法》《中华人民共和国招标投标法实施条例》的要求，规范履行了招投标程序，不存在与其他投标人或招标人串通投标的行为，不存在招投标过程中弄虚作假的行为，不存在出让或者出租资格、资质证书供他人投标等情形。发行人严格按照招标公告中的要求履行投标义务，投标行为合法合规，不存在应履行招投标而未履行的情形，不存在商业贿赂等不正当竞争情形。

发行人销售给山西壹先、山西黎中的各类型产品价格与销售给其他经销商的同类型产品价格基本相同，个别类型产品由于采购数量等原因给予山西壹先较大的折扣而导致销售价格略有降低，其折扣标准符合双方签署的《合作协议》，属于市场化协商的结果，不存在通过调整销售价格进行利益输送的情况。依据对山西壹先、山西黎中的走访和确认，发行人与山西壹先、山西黎中的交易不存在以明显不合理的条款及条件限制发行人的权利或加重发行人义务或责任的情形，遵循了公平、合理原则，定价具有公允性。因此，发行人与山西壹先、山西黎中的交易价格公允。

（三）分析与结论

关联交易非关联化是审核重点关注的问题，主要涉及是否存在不当利益输送的问题。发行人及中介机构核查回复后，审核部门在后续反馈问题中，又针对实际控制人关系密切人员曾在经销商处持股任职的问题进行了询问，主要内容如下。

山西壹先、山西黎中为受同一自然人控制的企业，2019 年、2020 年为发行人电采暖设备第一大客户，山西壹先设立时由发行人实际控制人控制的其他企业的高级管理人员、发行人员工代持股权并担任董事、监事、高级管理人员，2020 年 6 月，上述两人向陈某欣转让股权并辞去职务。2019 年 4 月 26 日至 2020 年 6 月 4 日，山西壹先一直由陈某欣实际控制并主导经营管理。报告期内，山西壹先、山西黎中在发行人电采暖中标区域内开展经销业务，个别类型产品由于采购数量等原因给予山西壹先较大的折扣而导致销售价格略有降低。

请发行人说明山西壹先、山西黎中除与发行人相关的经销业务外是否存在其他业务收入，发行人与山西壹先、山西黎中是否存在其他利益安排。

请保荐机构、发行人律师核查相关资金流水情况，发行人与终端客户或政府部门是否存在异常资金往来。

2022 年 7 月，发行人终止了上市申请流程，暂未通过上市审核。

十三、关联交易是否涉及利益输送：壹创国际（839120）

（一）审核问题

发行人向主要供应商的采购占比分别为 42. 98%、29. 25%和 22. 74%，存在 4 个主要供应商由发行人前员工控制或实际控制人（发行人员工或其他自然人）间接持有发行人股份，发行人部分供应商成立时间较短即与发行人产生交易，是否存在关联交易非关联化情形；采购交易的真实、合规性。

（二）发行人回复

截至《公开发行说明书》签署日，熊文杰直接持有公司 600 股股票，持股比例 0. 0015%，该股票系熊文杰通过二级市场购入；苏毅通过持有前海添富的合伙份额间接持有公司 6. 51 万股股票，持股比例 0. 16%；简晓宇通过持有前海添富的合伙份额间接持有公司 6. 50 万股股票，持股比例 0. 16%。上述人员持有公司股份比例很小，对公司经营决策和财务决策不具备重大影响。

上述人员或前员工与发行人及实际控制人、董事、监事和高级管理人员不存在关联关系，不存在关联交易非关联化的情形。

外协设计供应商主要参照中国勘察设计协会《建筑设计服务计费指

导》（2015 版）的相关收费标准，采用“工日定额”收费模式，同时考虑项目的复杂程度、参与设计的深度等相关因素测算项目设计工作量，再结合市场价格与供应商协商谈判，最终形成项目的合同金额。公司向其他外协设计供应商的采购定价，基本也采用同一计费模式和收费标准，不同供应商的采购价格差异主要受项目的复杂程度、参与设计的深度等因素影响，采购价格具有公允性。

公司与供应商不存在利益输送，主要原因如下。报告期内，公司根据设计外协制度，由成本部从合格供应商名录中选择供应商，价格参考当年行业市场价格及公司产值核算标准，经财务中心审核后，报总经理批准。并且每次比价，参与报价的单位一般不得少于 3 家。如由于供应商实力或市场等因素造成不能选取 3 家比价单位的，必须提供充足的理由，并经成本部认可后方能实施。上述供应商与其他供应商选取程序不存在重大差异。公司与供应商的交易价格参考行业定价标准及市场价格，双方友好协商确定，采购价格、采购结算方式与其他供应商相比，不存在重大差异。供应商中不存在与发行人、发行人实际控制人、董事、监事、高级管理人员、持股 5%以上股东等为亲属关系的情形。

（三）分析与结论

发行人的供应商存在由发行人员工或前员工成立、控制或任职的公司。部分相关人员持有发行人的少量股份。发行人向该类供应商采购内容主要为外协设计服务，占同类业务的比例较低，采购价格公允、采购具有必要性和商业合理性。但审核部门在后续反馈问题中，又问到了该问题，主要内容如下。

员工持股多家供应商的合理性及交易公允性问题。请发行人补充披露上述人员先后成立两家供应商与发行人开展业务以及入职发行人不久即成立公司并在当年成为供应商的原因及合理性，是否符合行业惯例。上述供应商的具体出资及股权转让等情况，是否存在股权代持或者其他利益安排，如存在，披露具体情况，是否与发行人及其实际控制人、董事、监事、高级管理人员、持股 5%以上股东及其亲属之间存在关联关系，是否存在关联交易非关联化的情形。对比发行人同期向其他供应商采购同类服务的价格，量化分析上述供应商与发行人交易价格的公允性，说明上述持股供应商员工薪酬水平的确定依据，与同级别其他员工相比是否存在差异，是否与发行人从对应供应商处采购的金额存在关联性，结合上述情况分析发行人是否存在通过供应商调节成本利润的情形。补充说明上述持股供应商的员工既在发行人处任职，又在外成立公司开展设计服务，是否可能与发行人之间存在利益冲突，是否对发行人直接面向市场独立持续经营的能力构成重大不利影响，结合案例说明在职员工持股供应商是否符合行业惯例。说明上述持股供应商的员工及非员工持股的供应商股东在前海添富等 3 家合伙企业中新增财产份额，受让、转让财产份额的原因及背景、价格、具体定价依据及价格的公允性、实际支付情况、资金来源，是否与发行人或发行人实际控制人、董事、监事、高级管理人员之间存在其他利益安排或利益输送。

截至 2022 年 3 月发行人终止上市申请时，暂未对上述问题进行回复。

十四、补充披露与原关联方的交易情况：鼎丰股份（873459）

（一）审核问题

说明鼎易木业是否实际仍为发行人及公司实际控制人、董事、监事、高级管理人员及其他关键人员等的关联方，是否存在关联交易非关联化的情形。

（二）发行人回复

卜玄于 2016 年 3 月取得鼎易木业 33. 30%的股权，于 2018 年 2 月将鼎易木业 33. 30%的股权对外转让，股权转让后公司及公司实际控制人、董事、监事、高级管理人员、其他关键人员未持有鼎易木业股份，未在鼎易木业任职，与鼎易木业股东、主要管理人员不存在亲属关系。根据关联方认定的相关规则，在2018年3月至2019年2月，鼎易木业视同公司的关联方，2019年3月以后鼎易木业不再是公司关联方。公司与鼎易木业不存在关联交易非关联化的情形。

报告期内，发行人向鼎易木业销售的刨花板与其他贴面厂相比，在技术水平、定价方式、成本、价格、毛利率方面不存在较大差异，鼎易木业从发行人处采购的刨花板不存在压货、突击进货以及为满足业绩对赌而虚增利润的情形。

（三）分析与结论

对于关联交易是否存在非关联化的问题，发行人结合交易订单、销售合同、股权变更记录等进行了分析，审核部门在后续反馈时，再次要求发行人对此进行补充说明，主要问题如下。

请发行人说明是否存在应披未披的关联方或关联交易，是否存在其他报告期前关联方注销及非关联化的情况，并披露非关联化后发行人与上述原关联方的后续交易情况。量化分析并说明相关交易价格是否公允，是否存在通过关联交易或关联交易非关联化等方式调节发行人收入利润或成本费用，进行利益输送的情形。发行人及子公司的董事、监事、高级管理人员、主要股东与交易对手方是否存在股权代持或其他利益安排，是否存在应当并表而未并表的情形。如有注销的公司，请披露注销的原因，是否存在重大违法违规注销情形，是否存在其他纠纷或特殊利益安排。

截至2022年3月发行人终止上市申请时，暂未对上述问题进行回复。

十五、是否存在同业竞争：泓禧科技（871857）

（一）审核问题

发行人控股股东、实际控制人除控制已明确未开展实际经营的企业外，还控制泓淋电力、威海晨松、香港泓淋、韩国泓淋、泰国泓淋、台湾泓淋、德州锦城、常熟泓博、台北泓博、缅甸泓博等多家企业。补充披露上述企业的实际经营业务，是否构成同业竞争，是否影响发行人的独立性。

（二）发行人回复及中介机构核查后认为

发行人综合上述企业所处行业、主营业务、主要产品、功能及用途、核心工序及生产设备等方面，判断发行人与上述企业不构成同业竞争，不存在简单依据经营范围对同业竞争做出判断，不存在仅以经营区域、细分产品或服务细分市场的不同来认定不构成同业竞争的情形。

发行人与上述企业在资产、人员、业务和技术等方面相互独立，在采购销售渠道、客户、供应商等方面不存在影响发行人独立性的情形；发行人与上述企业存在向重叠供应商采购连接器配套部件等非通用性产品，以及存在向重叠客户销售不同产品的情形，但发行人与上述企业分别通过各自的渠道独立进行采购与销售，独立与供应商及客户协商定价，定价公允，发行人与上述企业之间不存在共同生产，共用采购、销售渠道，以及上述企业为发行人提供外协的情形，上述企业不存在为发行人分担成本费用的情形。

发行人、保荐机构及律师通过查阅发行人和上述企业的土地使用权证、房屋所有权证、不动产权证、商标注册证、专利证书、固定资产明细、主要机器设备明细、员工名册、客户供应商名单等文件，查阅关联企业报告期内主要客户、供应商的销售采购情况资料，主要客户销售明细表，主要供应商采购明细表，以及董事、监事、高级管理人员、实际控制人及其亲属的对外投资情况后认为，发行人控股股东、实际控制人及其亲属直接或间接控制的企业与发行人之间不存在同业竞争。

（三）分析与结论

同业竞争的认定不能仅以经营区域、细分产品或服务细分市场的不同来认定，在本案例中，发行人结合企业所处行业、主营业务、主要产品功能及用途、核心工序及生产设备等其他方面，综合判断不存在同业竞争，因而对上市审核不构成重大影响。

2022 年 2 月，发行人在北交所成功上市。

十六、生产经营合规性：伊斯佳(838858)

（一）审核问题

结合现金流较为充裕的情况，说明未从实际控制人处收购厂房或自建厂房的原因及合理性。租赁合同中的定价方式是否符合市场行情，是否存在利用租赁调节业绩或侵占发行人利益的情形。

（二）发行人回复

公司自成立以来一直租赁关联方的房屋用于生产经营，为提高经营效益，公司集中资金用于研发、生产与开拓市场等业务发展方面，故未自建自有房屋。公司尚处于高速发展阶段，需持续增加研发及开拓市场的投入，如使用现金购买或自建厂房均会极大地影响公司流动资金，因此暂未购买关联方土地及房产或自建厂房。目前，发行人已与产权所有人签订长租协议，不会对发行人生产经营的稳定性构成影响。

发行人租赁关联方房产的价格与市场价格相近，且一般会根据市场情况对租金进行定期调整；发行人大部分租赁房产在报告期前即与关联方签订了长期租赁合同，不存在通过租赁调节业绩或侵占发行人利益的情况。

在针对不能续租的防范措施中，出租方和实际控制人的承诺构成对发行人的单方承诺，系其真实意思表示，不违反相关法律规定和侵害他人权益，具有法律效力，对承诺方具有约束力和可执行性；发行人租赁厂房所在地具有较多同类厂房，发行人生产设备较容易搬迁，发行人制订的搬迁计划具有可行性。发行人使用募集资金支付房租具有合理性，不存在利益输送的情形。

（三）分析与结论

审核部门在后续反馈问题中，对关联租赁公允性及租赁房产抵押对发行人的影响问题比较关注，又一次进行了提问，主要内容如下。

公司租赁关联方房产总面积 39117.58 平方米，其中被抵押房产的面积为 38956.08 平方米，抵押面积占租赁关联方物业总面积的比例为 99.59%。如果关联方未能按期偿还银行本息，则被抵押的房产存在被处置的风险。

请发行人补充说明报告期各期同区域房产的租赁价格及变动情况，进一步分析说明与发行人各期租赁价格相比是否存在较大差异，发行人租赁价格是否公允，是否存在实际控制人通过向发行人租赁房产侵占发行人利益的情形。

截至 2022 年 3 月发行人终止上市申请时，暂未对上述问题进行回复。

十七、安全生产合规性：沪江材料（870204）

（一）审核问题

发行人分别于 2019 年 5 月、2020 年 6 月发生两起安全生产行政处罚，分别被处以罚款人民币 1.5 万元和 2.5 万元。说明前述安全生产事故是否属于重大违法违规行为，公司安全生产相关制度及其执行情况。

（二）发行人回复

2019 年，公司在受到南京市江宁区应急管理局检查和警告后，立即整改，当天便将超量存储的化学产品运送至生产厂家，由厂家进行保管，之后公司对化学品保管情况进行了全面检查，并制定了《化学品管理制度》，对公司生产所需的化学制品的保管进行了规定，要求员工按照《化学品管理制度》的规定对化学品进行保管。同时，公司还根据《南京市安全生产条例》的规定，对安全生产情况进行了全面检查，确保不再发生违反法律法规的情形。之后，南京市江宁区应急管理局再次对公司进行了现场验收，整改情况符合要求，此次处罚未对公司生产经营产生重大不利影响。同时，2021 年 2 月 9 日，南京市江宁区应急管理局出具证明，确认公司上述违法行为不属于重大违法行为，属于一般违法行为。

2020 年，对于南京市溧水区应急管理局出具的行政处罚，公司同样及时缴纳了罚款并进行了整改，对于过期未及时检测的绝缘鞋、测试笔等高压房内相关设备进行送检，并做好检测记录，标注好检测信息，保证绝缘鞋、测试笔等高压房内相关设备处于可使用状态；对于集中供料平台安装防护栏，并定期进行检查，保证其牢固耐用性。此次处罚发生后，并未对公司生产经营造成不利影响。2021 年 2 月 7 日，南京市溧水区应急管理局出具了证明，确认沪汇包装上述违法行为不属于重大违法行为，属于一般违法行为。

上述行为均已经中介机构核查并确认，不存在重大违法违规风险。

（三）分析与结论

公司对处罚行为进行分析，并结合主管部门的证明，认定安全生产事故处罚系一般违法行为，不属于重大违法违规行为。

2022 年 1 月，发行人在北交所成功上市。

十八、报告期内多名董事及高级管理人员离职：凯德石英（835179）

（一）审核问题

报告期内，2020 年 3 月赵鹤辞去发行人副总经理职务；2020 年 4 月钱卫刚辞去董事职务；2020 年 12 月李红武辞去董事、财务总监职务，于洋辞去副总经理职务。说明上述人员离职的具体原因及目前任职情况，最近 24 个月内变动人数及比例，相关人员变动对公司生产经营的影响。

（二）发行人回复

自2015年股份公司设立至反馈回复出具之日，张忠恕始终为发行人的控股股东及实际控制人，并始终担任公司的董事长及总经理职务，未发生变更，发行人控制权稳定。

根据《北京证券交易所向不特定合格投资者公开发行股票并上市业务规则适用指引第1号》“1-5经营稳定性”的规定，“应当本着实质重于形式的原则，综合两方面因素分析：一是最近24个月内变动人数及比例，在计算人数比例时，以上述人员合计总数作为基数；二是上述人员离职或无法正常参与发行人的生产经营是否对发行人生产经营产生重大不利影响。变动后新增的上述人员来自原股东委派或发行人内部培养，原则上不构成重大不利变化；发行人管理层因退休、调任、亲属间继承等原因发生岗位变化的，原则上不构成重大不利变化”。

发行人现任董事、高级管理人员合计11人，自2019年1月至今发生变动的人数为4人，变动人数比例为36.36%。其中，钱卫刚原为发行人股东石英股份推荐的董事，其于2020年5月辞去董事职务后发行人选举张凯轩为新任董事。李红武原为发行人董事兼财务总监，其于2020年12月辞去董事职务后，公司因设立独立董事而未再选举新的非独立董事。公司新增3名独立董事系为进一步完善公司治理结构，并未构成董事会层面的重大不利变化。此外，发生变化的高级管理人员中，赵鹤原为发行人副总经理，其辞职后发行人聘任张娟为发行人副总经理。张娟自2007年4月至今就职于发行人，系发行人内部培养产生。李红武为公司退休返聘人员，其因年龄较大辞去财务总监职务后，发行人聘任周丽娜为新任财务总监；于洋系工作部门及岗位调动原因不再担任发行人副总经理职务，但其仍在公司任职并继续担任董事职务。

综上所述，公司现任董事、高级管理人员中，除去3名独立董事外，其余8名人员有6人均长期在发行人工作，可以有效保证公司经营政策的持续、稳定。发行人最近24个月董事、高级管理人员的变化，不构成重大不利变化情形。

（三）分析与结论

根据北交所上市要求，发行人最近 24 个月内董事、高级管理人员不应出现重大不利变化。发行人就多名董事及高级管理人员离职的原因进行了分析，表明离职与公司经营无关，而是个人原因离职，具有合理性，对上市审核不构成重大影响。

2022 年 3 月，发行人在北交所成功上市。

十九、财务总监离职的原因及影响：威博液压（871245）

（一）审核问题

补充披露原财务总监辞职的具体原因及离职去向，对其任职期间发行人的财务规范性是否存在异议，其离职对发行人生产经营及财务会计核算的影响。

（二）发行人回复

原财务总监辞职系其个人身体健康原因，离职后未从事新工作。

其在发行人处任职期间，未直接持有发行人股份，其于 2016 年 12 月 7 日以货币出资的方式认缴众博信息 20 万元注册资本（持股比例 1.79%），并于 2016 年 12 月 16 日完成实缴出资，即通过持有众博信息的股权间接持有发行人股份。2018 年 8 月 17 日，众博信息召开股东会并做出决议，同意其将持有的众博信息 20 万元的股权（占注册资本的 1.79%）以 32.125 万元的价格对外转让。至此，原财务总监不再直接或间接持有发行人股份，其对于转让所持众博信息股权的事项不存在纠纷或潜在纠纷，对任职期间发行人的财务规范性亦不存在异议。原财务总监离职后，发行人生产经营正常进行，财务会计核算有序开展，其离职未对发行人产生不利影响。

董事长马金星兼任财务总监期间由现任财务总监配合处理财务工作，在此期间发行人一直通过内外渠道培养并寻找合适人选担任财务总监。公司配备了足够的财务岗位人员，且财务人员具备充足的专业知识和一定的胜任能力；根据业务需要设置了必要的岗位，财务人员根据各级财务岗位的岗位说明书开展财务工作；制定各项会计管理制度、内部控制及内审控制程序规范员工行为；内部控制及内审控制程序的实际运营情况能够满足发行人的经营需要，相关内部控制制度不存在明显缺陷。

发行人报告期内财务总监的更换、暂缺，是由于发行人经营发展需要、内部管理考核及员工个人发展需要等。报告期内，发行人财务工作已做到流程化、制度化、规范化，财务负责人的变动不会对发行人的财务规范及内部控制产生不利影响；发行人已经建立了较为完善的财务及内控制度，会计基础工作规范，公司治理机制运行良好。

（三）分析与结论

发行人说明了财务总监离职的原因系个人原因，不存在因公司财务不规范、内部控制不健全导致其离职的情形，对公司生产经营无重大影响，因此不影响上市审核。

2022 年 1 月，发行人在北交所成功上市。

二十、注销子公司的合法合规性：派特尔（836871）

（一）审核问题

报告期内，发行人子公司德鑫环境已完成税务注销程序。说明注销子公司的背景和原因，是否因重大违法违规导致，是否存在纠纷或者潜在纠纷。

（二）发行人回复

德鑫环境于 2015 年 12 月 24 日成立，为发行人的控股子公司，拟从事环境工程类项目；鉴于德鑫环境的人员、相关技术未到位，导致一直未实际开展经营。因此，发行人考虑到德鑫环境已无存续的必要，经股东协商一致决定注销德鑫环境。德鑫环境于 2022 年 4 月 7 日完成注销程序。

通过检索市场监督管理局、税务局、环保等部门或机构网站，并结合国家税务总局珠海市金湾区税务局、珠海市生态环境局出具的说明，德鑫环境在人力资源社会保障领域、文化执法领域、税务（含社保缴纳）领域、住房公积金领域、消防安全领域、基本建设投资领域、安全生产领域、医疗保障领域、市场监管领域、建筑市场监管领域、药品监管领域均无违法违规受到行政处罚的情形。

（三）分析与结论

报告期内，子公司注销或转让的情形可能会引起监管机构对于发行人是否存在重大违法违规行为或其他上市障碍问题的关注。发行人通过说明注销子公司的合理性，说明不存在上述违规情形，对上市审核不构成重大影响。

2022 年 7 月，发行人在北交所成功上市。

二十一、互保违约风险：晨光电缆(834639)

（一）审核问题

发行人为森太化工对发行人及子公司的担保提供反担保，与平湖弘欣热电曾存在互保，报告期末平湖弘欣热电单方面为发行人提供担保。报告期内，2019 年和 2020 年发行人分别支付对外担保损失 1689.95 万元和 1000.00 万元。说明森太化工及平湖弘欣热电为发行人提供担保的商业合理性，平湖弘欣热电单方面为发行人提供担保的原因。

（二）发行人回复

森太化工及平湖弘欣热电均为注册和生产经营地在浙江省平湖市的企

业，成立时间较长。公司与平湖当地很多历史悠久的企业都保持着良好的关系。由于公司所处电线电缆行业资金密集型的特征，日常生产经营所需资金较大，公司向银行贷款的需求较大。由于公司在平湖当地成立时间久，信誉好，故为公司提供担保的多为平湖当地企业，如森太化工和平湖弘欣热电。为保障自身利益不受侵害，森太化工要求公司用持有的浙江平湖农村商业银行 6962273 股股份及其衍生物，以股份质押的方式对森太化工提供反担保；平湖弘欣热电要求公司在 2020 年 6 月 24 日前为其银行借款提供担保，2020 年 6 月 24 日后，公司为平湖弘欣热电的担保支付担保费，不再为其提供互相担保。

森太化工及平湖弘欣热电与公司不存在关联关系和其他利益安排。森太化工和公司不存在除担保外的其他业务往来与合作。

互保到期未续签，由平湖弘欣热电单方面为公司提供担保是因为平湖弘欣热电自身融资需求较少，综合考虑资金融资成本，单方面提供担保更符合平湖弘欣热电发展的需要，所以做出调整。其未来是否继续进行互保或者单方面担保要看具体情况，视双方的融资需求、融资成本等因素综合考虑，由各自公司决策机构做决定。

（三）分析与结论

森太化工及平湖弘欣热电为发行人提供担保具有商业合理性，各方不存在关联关系，关于担保的内控制度运行有效，符合公司治理规范的要求。

2022 年 7 月，发行人在北交所成功上市。

二十二、是否存在利益输送：邦德股份（838171）

（一）审核问题

发行人实际控制人吴国良 100% 持股的上海邈鹏原名为“上海邦德汽

车零部件制造有限公司”（以下简称“上海邦德”）于2019年8月26日注销。由吴国良担任监事的上海麦纳投资管理有限公司（以下简称“上海麦纳”）被吊销。说明上海邦德与发行人是否存在利益输送情形，上海麦纳被吊销的原因，是否存在违法违规行为。

（二）发行人回复及中介机构核查后认为

在历史沿革方面，上海邦德和发行人属于同一实际控制人吴国良控制的公司，吴国良向上海邦德和发行人分别履行了出资人职责，不存在上海邦德持有发行人股权或交叉持股的情形。除发行人在成立初期从上海邦德购买部分生产设备、无偿取得1项注册号为4470731的商标外，上海邦德与发行人在资产方面并无其他关系，发行人的资产符合独立性的要求。上海邦德主要人员在发行人设立后将劳动关系转至发行人，除此之外，上海邦德与发行人在人员上无其他关系。报告期内，发行人的员工全部由发行人聘任，并在发行人处专职工作。发行人的人员符合独立性的要求。上海邦德历史上与发行人的主营业务、产品相同，但上海邦德在发行人成立投入生产运营后相应地停止生产、销售，报告期内，上海邦德与发行人不存在同业竞争和关联交易。发行人的核心技术由发行人自主研发和原始取得。上海邦德的客户、供应商在发行人成立初期相应地与发行人建立采购、销售关系，经过多年发展，发行人拥有稳定的客户、供应商。报告期内，发行人的客户、供应商独立于上海邦德，发行人具有面向市场的自主经营能力。

上海邦德在发行人成立初期，与发行人从事相同业务。但发行人设立后，上海邦德的主要人员、生产设备等资产转至发行人处，2016年变更登记后，经营范围不再包含汽车零部件生产与销售，2019年8月完成工商注销。报告期内，上海邦德无实际经营，与发行人不存在关联交易，与发行人客户、供应商及其员工均不存在资金往来和利益输送情形，对发行人业绩没有影响。

上海麦纳因违反《中华人民共和国公司登记管理条例》被吊销营业执照，发行人实际控制人吴国良仅担任上海麦纳监事，未参与投资和实际经营，因此不存在《中华人民共和国公司法》《中华人民共和国公司登记管理条例》等法律法规规定的应予处罚或追究法律责任的情形。因此，吴国良不存在由上海麦纳吊销而导致的《中华人民共和国公司法》第一百四十六条规定的不得担任公司董事、监事、高级管理人员的情形，发行人实际控制人不存在被处罚或被追究法律责任的风险。

（三）分析与结论

发行人设立后，上海邦德的主要人员、生产设备等资产转至发行人处，与发行人客户、供应商及其员工均不存在资金往来和利益输送。

2022 年 6 月，发行人在北交所成功上市。

第五章

财务会计相关案例

上市审核对于财务方面的要求是财务状况良好，市值及财务指标符合上市标准。

通过查阅发行人财务资料，并与相关财务人员和会计师沟通，核查发行人财务规范性。分析母公司报表和合并报表的利润结构与利润来源，判断发行人盈利能力的持续性。

核查销售收入，是否存在提前或延迟确认收入的情形，是否存在会计期末突击确认收入的情况。分析收入及其构成是否符合行业和市场同期的变化情况，是否存在季节性波动或强周期波动。通过实地走访、访谈、合同调查、发询证函等手段核查收入真实性。

关于营业成本与销售毛利，了解生产经营各环节成本核算方法和步骤，主要原材料及单位能源耗用与主要产品的产能、产量、销量是否匹配，料工费波动情况是否合理，分析毛利率、营业利润率等利润率指标是否正常。

关于期间费用，取得销售费用、管理费用、财务费用明细表，分析是否符合会计准则规定及合理性。分析研发费用的归集是否准确完整、研发费用是否与成本混淆。

关于非经常性损益，判断重大非经常性损益项目发生的合理性和计价的公允性。查阅重大政府补助的相关资料，了解政府补助的性质、目的等，对发行人报告期及未来的影响。

关于货币资金，核查资金流水，大额货币资金的流出与流入，是否具有合理的业务背景，是否涉及体外循环或虚构业务。

关于应收款项，抽查相应的单证和合同，对账龄较长的大额应收账款，了解其长期未回款的原因，判断其可回收性。是否存在资金被控股股东、实际控制人及其控制的其他企业占用的情况。

关于存货，核查存货余额较大、周转率较低的情况。判断存货跌价准备的计提方法是否合理、计提金额是否充分。

关于对外投资，了解主要被投资公司经营状况，判断投资减值准备计提方法是否合理、计提金额是否充分。了解财务性投资标的资产或主体的经营状况，判断减值准备计提方法或公允价值计量方法的合理性。

关于固定资产、在建工程、无形资产、开发支出，取得固定资产明细表，结合产能、业务量或经营规模变化等因素，分析报告期末固定资产的分布特征与变动原因。

关于商誉，结合商誉对应资产组所处的行业状况、经营状况、预计未来现金流等，核查商誉减值测试方法是否合理，减值计提金额是否充分。

关于投资性房地产，实地查看重大投资性房地产，了解其真实状况，判断其公允价值是否合理。

关于债务，查阅主要银行借款资料，了解其未按期偿还的原因、预计还款期等。结合现金流、融资能力与渠道等情况，分析发行人的偿债能力。

关于现金流量，对发行人经营活动、投资活动和筹资活动产生的现金流量进行全面分析，现金流量净额持续为负或远低于同期净利润的，应进行专项核查，并判断其真实盈利能力和持续经营能力。

关于或有负债，取得对外担保的相关资料一旦发生损失，判断对发行人正常生产经营和盈利状况的影响程度，调查被担保方是否具备履行义务的能力、是否提供了必要的反担保。

关于合并报表的范围，结合对外投资的投资协议、被投资企业的章程、表决权安排、董事会席位、发行人组织结构等资料，分析合并范围是否完整、合规。

关于纳税情况，了解报告期内发行人各项税费的应缴与实缴情况，是否依法纳税。核查发行人享有的税收优惠是否符合规定，税收优惠政策的可持续性以及对未来经营业绩、财务状况的影响。

关于盈利预测，根据发行人编制盈利预测依据的资料和盈利预测假设，结合境内外经济形势、行业发展趋势、市场竞争状况，判断发行人盈利预测假设的合理性。

以下就具体案例进行说明。

一、收入确认对经营业绩的影响：大禹生物(871970)

(一) 审核问题

说明“县级经销商收货确认时点与终端养殖户购买签收时点间隔时间较短”的具体情况，并测算如将终端销售时点作为收入时点对发行人经营业绩的影响。结合终端销售时间、经销商或终端客户前期平均采购情况说明各期临近资产负债表日的订单销售情况（如销量、毛利率等）是否存在异常。

(二) 发行人回复

县级经销商收货确认时点与终端养殖户购买签收时点间隔时间较短，发行人详细描述了报告期内时间间隔的具体情况。由于春节假期的影响，2019 年 12 月经销商提前备货，导致 2019 年第四季度发货量较高，如将终端销售时点作为收入时点对发行人经营业绩的影响较大。报告期内，发行人临近资产负债表日的发货在下年度都能实现对外销售，经对比经销商前期采购金额及毛利情况，如前述由于春节假期的影响，导致 2019 年 12 月发货量较高外，其他年度临近资产负债表日的销售情况没有明显异常。

券商、会计师经核查、访谈公司相关人员，了解与经销管理的相关内部控制，获取发行人报告期的销售明细表，对各报告期内第四季度主要客户进行核查，通过二维码追溯系统导出相关销售数据，与财务数据进行比对检查其是否存在差异，统计经销商收货时间及其向终端的销售时间，计算如将终端销售时点作为收入时点对发行人经营业绩的影响金额；对主要客户临近各报告期的销售情况进行核查，检查订单时间、发货情况、经销商签收情况、终端实现销售情况，检查其全年其他月份销售情况，对比各期间销售毛利率是否存在异常后认为，县级经销商收货确认时点与终端养殖户购买签收时点间隔时间较短，经销商收货后大部分产品在 3 个月内能够实现终端销售；各期临近资产负债表日的订单销售情况（如销量、毛利率等）不存在明显异常。

（三）分析与结论

经发行人充分论证，线下直销模式和经销模式收入确认具备合规性，不存在明显异常。

2022 年 5 月，发行人在北交所成功上市。

二、收入确认的合规性与真实性：水治理（831511）

（一）审核问题

在 PPP 项目建设期“基本由分包商承建完成”的背景下，确认建造服务收入的合规性；兴隆湖项目在申报前短期集中确认收入，签订增补合同后未调整前期已确认合同收入，涉嫌收入确认跨期；暂估材料及分包成本入账相关处理的合规性；报告期内存在频繁变更项目预算的情况；设计类服务等业务收入确认是否取得外部证据；部分项目开工后短期高比例确认收入。

（二）发行人回复及中介机构核查结论

根据发行人 PPP 业务模式及《南湖水质改善 PPP 项目合同》《企业会计准则》《企业会计准则解释第 14 号》的规定，PPP 项目建设期属于应当确认建造服务收入的情形，建造服务收入具有合规性；建造期和运营期收入公允价值的确定方式合理，依据充分、合规，相关处理与同行业不存在显著差异。

发行人及其项目公司、政府投资方在 PPP 业务参与中符合有关法律法规的规定，包括有关招投标和政府采购方面的法律法规、三方协议、《中华人民共和国预算法》、国务院及国家发展改革委有关PPP文件要求、财政部及当地政府有关部门关于PPP文件的要求，各方在项目各阶段各年度的权责利关系明确，且能够按照合同约定及相关法律法规执行。

发行人兴隆湖项目在申报前短期集中确认收入具有合理、合规性。兴隆湖项目的工程进度、相关收入的确认时点、款项结算时点在建造合同中已经予以明确，但该项目系联合中标的EPC项目，受周围环境因素的影响导致方案论证时间较长，在其整体施工过程中因土建施工进度滞缓，公司无法按照合同约定的时间完成水生态初验工程，项目整体进度滞后。兴隆湖项目收入、成本确认在季度间不均衡符合公司实际经营情况，完工进度确认方式具有合理性，不存在提前确认收入或收入跨期的情形。

在报告期前二十大项目中，通过产值表或回函确认的完工进度与公司按投入法确认的完工进度之间差异率均未超过5%，报告期内公司主要项目已取得第三方依据，经第三方确认的工程进度与发行人估计不存在重大差异，公司收入确认的外部证据合规、充分。南湖水质改善项目绩效考核均达标，不存在因考核指标未达标而影响收入确认和回款的情况。

报告期内，对于已完工的项目进行完工结算或者竣工决算时，对当期收入的影响金额较小，对公司经营业绩不构成重要影响。对于涉及地方政府对相关项目各年度具体考核要求的南湖水质改善项目，会影响其运营期当期收入确认的金额，也会影响阶段性资金支付金额和进度，但截至本回复签署日，南湖水质改善项目绩效考核未出现因未达标而影响收入确认和回款的情况。发行人已在招股说明书补充披露报告期各期各项目的合同增补、核减情况，增补核减前后的合同金额、毛利率等，增补主要是由于新增合同工程量具有合理性，相关账务处理符合《企业会计准则》的规定，与同行业处理方式相一致。

发行人暂估材料及分包成本的处理依据充分、核算准确，分包工程进度评估与供应商相一致、与同行业相关处理方式相一致，符合实际状况，财务核算及内控体系不存在重大缺陷。发行人对供应商通常采用“背靠背”的付款模式，相关分包工程进度的评估结果与款项支付时点存在不一致是具有合理性的，发行人在按照投入法计算履约进度时，不存在将预付给分包单位的款项计入累计实际发生的合同成本的情形。

发行人在报告期内预算变更主要是由于项目实施过程中工程量发生变化，符合业务实际情况，一般不会涉及合同变更，不需要得到客户确认；发行人预算变更事项属于会计估计变更，不构成会计差错，会计处理方式符合《企业会计准则》的规定，相关成本核算内控制度健全且能够有效执行。

发行人报告期内开工不满 1 年即大比例确认完工的项目，时间跨度和施工情况符合实际经营情况，收入确认准确合规、依据充分。

（三）分析与结论

收入确认的合规性与真实性是审核重点关注的问题，发行人及中介机构核查回复后，审核部门在后续反馈问题中，又针对收入真实性、准确性进行了询问，主要内容如下。

（1）暂估材料及分包成本入账相关核算的真实性、准确性、完整性。

（2）主要项目实际总成本与初始预计总成本的差异显著。

（3）业务与财务数据的匹配性。

（4）分包数据披露存在差异。

（5）设计类服务等业务收入确认是否取得了外部证据。

（6）收入与毛利率变动的说明及披露不充分。

2022 年 7 月，发行人终止了上市申请流程，暂未通过上市审核。

三、是否通过收入确认来调节利润：捷世智通（430330）

（一）审核问题

披露嵌入式计算机产品、芯片产品签收时点及收入确认时点、依据和方法；嵌入式计算机产品是否存在未签约发货、未签约确认收入或未发货确认收入的情形。

（二）发行人回复

公司嵌入式计算机产品在货物发出且经客户签收并经客户验收通过后，相关的经济利益很可能在流入时确认收入。公司的嵌入式计算机产品客户主要为军工、电力及轨道交通用户，由于该等客户只提供到货签收单，验收为客户内部程序，客户一般不提供书面验收单据。在实际业务执行过程中，销售人员通过邮件、电话及其他通信方式向客户确认其验收通过后，财务部门据此确认收入。公司芯片产品作为标准化产品在货物发出并经客户签收后确认收入，收入确认依据主要为客户签收单据。

发行人销售的嵌入式计算机产品以客户验收作为控制权转移暨收入确认的时点，芯片产品则以交付客户签收作为控制权转移暨收入确认的时点，与同行业公司相比更为谨慎，与合同条款相一致，符合会计准则要求。

报告期内，发行人存在未签约发货的情形，由于发行人嵌入式计算机客户主要为军工、轨道交通客户，该等客户合同审批签约流程较长，部分客户下达生产任务时采用口头、微信沟通，存在未下达书面订单的情况。除其他特殊情况导致项目停止外，通常情况下，客户的口头订单均能在事后签订合同并交付。报告期各期该等情况的合同金额共计 4186.19 万元，占公司营业收入比重平均为 7.99%，整体占比较低。

公司嵌入式计算机产品收入确认时点为：货物发出且经客户签收并经客户验收通过后。如果未发货，客户无法对货物进行验收，不满足收入确认时点；如果未签约，客户也无法对货物最终验收，且相关经济利益流入存在很大不确定性，不满足收入确认时点。报告期内，不存在未签约确认收入或未发货确认收入的情形。

（三）分析与结论

收入确认作为审核常见问题之一，主要关注发行人是否通过调整收入确认规则，是否存在利润调节的情形。在本次反馈中，发行人对上述问题回复后，审核部门在后续反馈问题中，又针对收入确认合规性及确认依据是否充分、客观的问题进行了询问，主要内容如下。

请发行人说明是否留存相关书面证据，确认人员是否具有验收权限，发行人对此建立的内部控制制度及执行情况。结合产品定型情况、销售退换货情况、入厂验收或入所验收等不同验收形式占比等，说明以该等验收方式作为确认收入依据的合规性、是否符合行业惯例；如以交付时点确认收入，对公司各期主要财务指标的影响。说明收入确认政策更正前后收入确认具体方式是否存在明显差异，是否保持一致。

请保荐机构、会计师结合函证、访谈等核查程序的具体内容说明对于缺少客户签字或盖章验收单据的收入，函证、访谈等核查程序如何保证收入确认的准确性。

2022 年 3 月，发行人终止了上市申请流程，暂未通过上市审核。

四、出疆补贴实际确认与会计政策不符：银山股份（872247）

（一）审核问题

说明 2020 年在出疆补贴尚未公示情况下确认补贴的原因及合理性，是否符合《企业会计准则》，确认时点是否准确，补贴确认与发行人会计政策是否相一致，是否存在提前确认补贴的情况，是否反映出发行人会计基础薄弱和内控缺失。如果严格按照会计政策，以补贴审核公示后作为确认时点，对发行人其他收益和利润的影响，是否会导致发行人不符合北交所上市条件。

（二）发行人回复

出疆补贴是有明确政策依据的定额补贴，属于政府补助。公司按照《企业会计准则第 16 号——政府补助》相关规定，在每年出疆补贴的申报工作完成后，公司实质性满足出疆补贴所附的各种条件时按照申报金额确认上一年度棉花的出疆补贴；出疆补贴初审结果出具后，公司可能存在少量申报资料不规范需要补正和完善的情况，公司在规定期限内完成申报资料的补正工作；补正资料完成提交时，公司按照申报金额确认出疆补贴。

发行人会计政策：公司在出疆棉运费补贴同时满足下列条件时，予以确认。一是企业能够满足政府补助所附条件，二是企业能够收到政府补助。

补贴具体入账时点：由于初审环节可能存在申报资料的补正和完善，公司根据出疆补贴初审结果，在完成申报资料补正（如有）后，按照申报金额确认出疆补贴。

报告期内，公司一般于每年 9 月申请上一年度棉花的出疆运费补贴，在补贴申报工作完成后一次性确认相关补贴收入，不存在运费补贴跨期及提前确认收入的情形。基于历史申报经验，公司申报出疆补贴的数量、金额均可以通过审核并公示，因此在申报完成时，公司可以基本确定收到申报金额的出疆补贴。报告期内，公司按照申报金额申请上一年度（上年 9 月至本年 8 月）的出疆棉运费补贴；本年度 9—12 月的出疆棉运费补贴，公司未按照权责发生制进行计提确认，主要由于这部分出疆棉运费补贴所依据的政策文件即《出疆补贴申报通知》一般会在下一年 9 月出台。因此，在相关政策依据尚未出台的情况下，公司出疆补贴不适用权责发生制，具有合理性。

报告期内（2018—2020 年），公司按照申报金额确认出疆补贴，确认依据充分；公司出疆补贴的确认方法符合会计计量的谨慎性、及时性原则；公司 2018—2020 年报表对出疆补贴和运费确认的口径相一致，具有可比性；公司不存在因出疆补贴提前确认或不符合出疆补贴确认条件导致会计报表差错，进而导致发行人不符合北交所上市条件的风险。

（三）分析与结论

发行人对出疆补贴的具体申请、审核和支付过程，报告期各期申报、审核和确认出疆补贴的具体情况，出疆棉运费补贴相关的会计政策及确定依据进行了说明；根据公司回复，公司制定了相应的会计制度，符合《企业会计准则》，不存在提前确认补贴的情况。

虽然发行人对反馈问题做出相关回复，但2022年3月，发行人仍终止了上市申请流程，暂未通过上市审核。

五、销售收入的真实性、准确性：大禹生物（871970）

（一）审核问题

说明经销收入的真实性、准确性及核查程序的充分性。

（二）发行人回复

关于经销收入真实性、准确性问题，发行人区分了具体产品类别，对经销商进行分层，说明了报告期各期各层次经销商的数量、销售总额和平均销售金额，分析了报告期各期上述经销数据变动的原因及合理性；区分了具体产品类别，说明了报告期各期各类产品前十大经销商的期末库存天数，分析了经销商期末库存与其销售规模的符合情况，对于部分期末库存天数较长的经销商说明了原因及合理性；分析披露了前二十大经销商销量与终端客户养殖量是否匹配，终端客户饲料添加剂使用比例符合行业水平及自然规律；结合县级经销商选取标准，不存在年度业绩考核指标或与业绩相挂钩的奖励约定，说明经销商特别是关联方经销商退出的具体原因、不存在产品质量纠纷、不满足销售资质等退出的情况；按适当标准对微生态制剂产品各期前五大经销客户的“养猪类/200头以内”的终端客户情况进一步划分，对终端客户家数较少的“养猪类/200头以上”“养牛羊类/200头以上”“养禽类/2000只以上”说明具体养殖数量上限，说明了前五大经销客户的终端客户复购率情况；说明了报告期内发行人按月统计的销量变动趋势与我国生猪存栏量变动趋势的匹配性，分析了生猪养殖周期及存栏量变动情况、各期产品销售情况。

发行人分析了经销模式变动、税率变动对经营业绩的影响。结合单一饲料主要客户、产品结构情况，说明了单一饲料2019年收入大幅增长的原因，系菌酶加系列产品借助公司遍布全国的经销渠道，得以较快地投入市场。加之2019年猪价上涨，终端养殖户购买单一饲料加入日常喂养饲料中的意愿更高，说明了免征增值税的产品成本核算符合《企业会计准则》相关要求。另外，结合报告期内发行人微生态制剂各系列产品推出的新产品与原有产品在性能、价格等方面的对比情况，结合价格和销量变动情况以及新产品上市后对原有产品的替代、挤出或促进效应，分析了报告期各期发行人微生态制剂销量排名前五的产品销量、销售金额变动原因及合理性，特别是销量排名第一的产品“出提系列”销量逐期下滑、排名第二的产品“活抗系列”销量逐期增加的原因。

（三）分析与结论

根据不同产品类别，按照采购金额对经销商进行分层，经销商数量及金额变动符合公司经营实际，具有合理性。

2022年5月，发行人在北交所成功上市。

六、净利润大幅下滑：科润智控（834062）

（一）审核问题

结合期后原材料价格走势、期后业绩情况以及在手订单情况等，进一步说明发行人经营业绩是否存在持续下滑的风险。

（二）发行人回复

公司向客户销售产品的价格在签订合同或订单时已确定，但相关产品排产、生产、交付均需要一定的时间，从签署订单至确认收入的平均销售周期约2个月，导致公司产品售价变动较原材料价格波动存在一定滞后性。在原材料价格快速上升时，这种情况会表现为产品销售价格的上调时间晚于原材料价格的上涨，从而导致毛利率降低。

从2020年下半年开始，公司主要原材料铜材价格快速上升。2021年1—6月，虽然公司营业收入较上年同期增长了1097.23万元，但由于公司产品销售价格的上调时间晚于原材料价格的上涨，导致2021年1—6月公司的毛利率较上年同期下降了4.64%，从而导致2021年1—6月公司毛利润减少875.89万元；2021年公司实现收入65121.51万元，较2020年增长13.98%；主营业务毛利率为19.41%，同比下降2.99个百分点；实现净利润4294.34万元，同比下降15.22%。2022年1—2月，原材料市场价格较为稳定，公司在手订单充足，业绩预计将有所好转。

（三）分析与结论

通过获取公司2022年1—2月收入成本明细表、主要原材料采购明细表以及2月底在手订单明细表，分析公司期后收入实现情况、期后原材料价格走势以及期后业绩情况，发现公司经营业绩不存在持续下滑的风险。

2022年7月，发行人在北交所成功上市。

七、毛利率较高、净利润大幅增长的合理性：泰达新材（430372）

（一）审核问题

2019年至2021年发行人主要产品偏苯三酸酐的毛利率分别为10.20%、24.43%、30.74%，可比上市公司正丹股份分别为11.77%、17.72%、18.36%。发行人报告期内原材料采购单价高于同行业上市公司，单位平均生产成本低于同行业上市公司，毛利率增长幅度高于同行业上市公司。请发行人说明毛利率大幅波动的原因及合理性，原材料价格传导机制的建立及运转情况，是否存在跨期未结转成本、价格传导机制运转失效的情形。

（二）发行人回复

发行人历史经营业绩存在较大波动，主要系竞争对手正丹股份与发行人在偏苯三酸酐市场价格竞争的不同阶段所形成。

发行人结合正丹股份自产和外购偏三甲苯采购量及采购均价情况、芳烃混合物价格变动对发行人外采偏三甲苯价格变动的影响情况，对比并量化分析了自2020年起，发行人单位材料成本显著低于正丹股份的原因及合理性。自2020年起，正丹股份受自产偏三甲苯用量占比下降，以及2021年芳烃混合物采购价格大幅增长等因素影响，其主材偏三甲苯综合成本显著提高，其自产偏三甲苯成本优势持续降低，同时受醋酸2021年市场价格大幅上涨导致辅助材料成本大幅提高等，使得正丹股份自2020年起单位材料成本逐年增加，从而形成发行人单位材料成本显著低于正丹股份的情形。自2020年起，发行人单位材料成本显著低于正丹股份具有合理性。

另外，发行人详述了存货的定额成本确认方法，主要体现在两个方面：一是生产成本在完工产品偏苯三酸酐和均苯三甲酸间进行分配是采用定额系数；二是利用余热对外销售蒸汽和热水时，通过定额核算外售蒸汽和热水的用水及用煤成本。产品定额成本在报告期内未发生调整情形，产品定额成本具有准确性。

2022年1—6月，发行人偏苯三酸酐毛利率出现大幅下滑，主要是受主材偏三甲苯采购价格大幅上涨影响。发行人2021年末库存经年终盘点账实一致，存货期末计价合理，不存在跨期未结转成本的情形。

（三）分析与结论

发行人在前次申报IPO反馈中即被问到关于毛利率与净利润合理性的问题，本次申报仍被问及同样的问题，发行人及中介机构经历三轮反馈，虽然进行了详细的回复，但对反馈问题仍无法给予充分、合理的解释。2022年9月22日，北京证券交易所终止了对泰达新材的审核，具体反馈如下。

“本所上市审核中心在审核问询中重点关注了你公司毛利率显著高于同行业公司及业绩大幅波动的合理性等问题。上市委员会审议认为，发行人及中介机构未就报告期内毛利率显著高于同行业上市公司的合理性、净利润连续大幅增长的合理性进行充分的解释、说明，相关信息披露不符合《中华人民共和国证券法》第十九条、《北京证券交易所向不特定合格投资者公开发行股票注册管理办法（试行）》第五条、《北京证券交易所向不特定合格投资者公开发行股票并上市审核规则（试行）》第二十条等相关规定。结合上市委员会审议意见，本所决定对你公司公开发行股票并在北交所上市申请予以终止审核。”

2022 年 9 月，发行人终止了上市申请流程，暂未通过上市审核。泰达新材成为北交所成立以来，首家被否的企业。

八、销售收入核查程序充分性：七丰精工(873169)

（一）审核问题

报告期各期客户回函金额与发函金额是否存在差异，说明对未回函的函证履行的替代程序；说明对于境内外客户走访的具体情况，执行走访或视频访谈、函证程序。

（二）发行人回复

报告期营业收入发函分别为 17 份、19 份、20 份、18 份，发函金额占营业收入的比例分别为 78.90%、80.21%、80.91%和 76.75%；报告期回函分别为 15 份、16 份、17 份、14 份，回函金额占发函金额比例分别为 96.49%、88.74%、86.82%和 90.95%。

营业收入回函中共有 9 份函证回函不符，其中 2018 年 2 份，2019 年 1 份、2020 年 3 份、2021 年 1—6 月 3 份，回函不一致金额折合成人民币分别为 63.31 万元、48.95 万元、149.73 万元、5.71 万元，占回函金额的比例分别为 0.55%、0.40%、1.08%、0.08%。

回函不一致经仔细分析差异原因后，确认主要系公司入账期间与客户入账期间不同所致，即时间性差异的影响，回函不符的函证金额均无须调节，能够确认公司账面数。

针对未回函的函证，就未回函的营业收入执行了收入确认的替代测试程序，包括了解销售与收款循环内部控制，并执行销售与收款内控测试，采取抽样的方式，针对内控主要控制点取得执行的关键证据，确认发行人内控设计合理并得到有效执行；抽查销售合同/订单、出货单、物流单、发票、记账凭证、验收单/报关单、银行回单等文件，确认销售收入的真实性；执行销售收入形成的应收账款的期后回款检查。

在执行走访和视频访谈程序时，中介机构将实地走访地址与客户的注册地址等进行核对确认，在视频访谈时，中介机构在发行人的办公场所进行视频访谈，在访谈前获取被访谈人的工作证、名片等身份信息，核实被访谈人的身份。在访谈结束时，被访谈人均会对访谈问卷记录内容再次确认并签名。执行走访、视频访谈、问卷签名及盖章情况统计说明均有表格记录，未盖章的走访对象均为国外客户，根据国外客户的商务习惯，被访谈人签名确认，中介机构在视频访谈时通过查看对方名片、工作证，口头询问确认等程序，对其身份信息予以核实确认。

中介机构抽样对客户销售收入执行了函证程序，客户回函予以回复，回复确认的方式包括盖章、签名等。国内函证回函均加盖公章，国外函证回函由于客户通常存在以签名确认的商务习惯，因此存在部分签名确认而未盖章的回函。国外签名未盖章的回函，通过核实回函邮件地址是否与发函邮件地址相一致、回函邮箱后缀是否与发函邮箱后缀相一致、回函邮箱地址是否和公司与客户日常商务往来的邮件地址相一致等多种手段，同时对境外电子邮件发函收件人与电子回函发件人非同一人情形进行了补充函证程序，以对回函的有效性进行确认。

此外，中介机构选取销售金额占比较高的客户执行走访或视频访谈程序，了解客户的基本情况，与公司的交易背景和交易情况，以及贸易商客户产品的销售周期和期末库存情况等，核查客户是否真实存在、销售业务是否具备真实交易背景及产品采购后的耗用使用和库存情况等，另外对其贸易商客户货物终端销售情况进行了专项问卷访谈，同时抽样对客户销售收入执行函证程序，获取公司收入确认金额的第三方证明文件，通过执行走访、视频访谈及函证程序，能够对销售收入的准确性予以核查确认。

（三）分析与结论

简要了解中介机构核查程序的方法、步骤，对于提高发行人财务规范性具有借鉴指导意义。

2022 年 4 月，发行人在北交所成功上市。

九、明确披露发行人经营业绩持续下滑的原因：天济草堂（871129）

（一）审核问题

发行人结合不同销售模式售价、市场同类产品价格变动情况、终端市场销售价格，说明报告期内产品销售价格变动的合理性，与同类产品价格变动、终端市场销售价格变动趋势是否相一致，销售价格是否存在持续下降风险。

（二）发行人回复

2018 年度、2019 年度、2020 年度，发行人的脑得生丸和清热散结胶囊售价变动比率分别为-0.83%、0.42%、-3.33%和-5.88%、-2.08%、-4.26%，销售价格的下降主要是因为公司实行多元化销售战略，持续加大对连锁直供模式的开发力度。

2018 年公司刚进入零售市场不久，连锁直供模式下，市场推广活动由公司负责，随着连锁直供市场的不断开发，销售渠道的向外延伸，公司连锁直供模式销售规模稳步增大。随着销售规模增大，从 2019 年开始，发行人将店员培训、门店铺货、门店促销等一系列市场宣传推广交由连锁药房企业负责，加大了与连锁药房企业的合作力度，由于公司不再承担该模式下的主要宣传推广工作，故在销售价格方面进行了一定倾斜，导致报告期内连锁直供模式下的销售价格出现下降。连锁直供销售模式价格的让利促进了产品销量的提升，销量的增速超过价格的降速使得报告期内连锁直供销售模式的产品销售收入及占比持续上升。经过两年时间的市场调整及连锁药店开发，目前发行人已与多家百强连锁药房企业达成战略合作，销售价格趋于稳定，2021 年 1—6 月较 2020 年的下降幅度已明显减小，故连锁直供模式下未来的销售价格不存在持续下降趋势。

（三）分析与结论

经营业绩下滑会影响发行人的持续经营能力，发行人通过合理论证，认为其后续不存在经营业绩下滑的问题，并做了相应风险提示。审核部门在后续反馈问题中，就业绩下滑对持续经营能力的影响问题又进行了提问，主要内容包括补充披露业绩下滑的真实原因。

请发行人补充披露：发行人各类药品细分市场可比产品价格均持续下降，但发行人产品价格稳定，发行人价格变动趋势与同行业可比公司产品价格趋势不一致的原因及合理性，市场份额是否存在进一步下降的风险；各项国家医药政策对发行人生产经营的具体影响，包括但不限于对主要产品售价、销量、主营业务成本、销售渠道及客户维持和行业监管等方面的影响，相关行业政策对发行人的影响情况与同行业可比公司是否一致，并充分提示风险。

根据前次问询回复，保荐机构对报告期内重要客户进行了实地走访或视频访谈，保荐机构未分别列示实地走访、视频访谈收入金额及占比，请分别列示；说明报告期内对销售收入的发函金额及占比、回函金额及占比、未回函具体原因及回函不符的具体情况，请补充披露。

2022 年 6 月，发行人终止了上市申请流程，暂未通过上市审核。

十、业绩真实性：瑞科汉斯（839768）

（一）审核问题

在“行业没有过高进入门槛”的情况下，发行人产品获取较高毛利率的原因及合理性；2021 年上半年毛利率大幅下滑的原因；销售是否真实，是否存在虚假销售套取相关补贴的情形；电采暖类业务、配电类业务应收账款周转率低于可比公司的原因及合理性，应收账款是否真实存在；全部经销商数量、单个经销商平均销售金额、经销收入确认的具体政策，包括确认时间、取得的外部证据，说明上述情况的合理性以及与公司业务规模的匹配性。

（二）发行人回复及中介机构核查

经保荐机构、会计师核查，回复内容如下。

公司与主要可比公司收入利润变动趋势不一致主要体现在市场进入时间与市场开发效果等方面；公司在已有市场区域项目完成率高的情况下，如果不能有效开发新的市场实现收入，则会存在业绩大幅下滑的风险。

市场上同型号同功率产品由于销售模式、产品配置、智能化水平不同，价格存在一定差异；市场上同一厂家不同型号产品也存在较大价差，一般情况下，功率越高，产品价格越高；发行人产品价格具有公允性，价格差异具有合理性。

发行人产品获取较高毛利率，发行人产品毛利率明显高于可比公司具有合理性。

2021 年上半年毛利率相比 2020 年出现大幅下滑的原因是受电采暖设备业务的季节性影响，上半年产量较低，单位成本上升。

公司涉及“一次性改造补助”的地区集中在山西省，民用电采暖设备的补贴金额多数情况下能够覆盖电采暖设备购买成本，因此终端消费者对价格不敏感。由于补贴是直补到户，不经过发行人，因此不存在虚假销售套取相关补贴的情形。

发行人电采暖业务、配电业务应收账款周转率低于可比公司具有合理性，发行人应收账款真实存在。

发行人各期前二十大经销商平均销售金额与发行人业务规模相匹配；经销收入确认谨慎；部分经销商金额低于 1 万元与发行人电采暖业务发展阶段相匹配，具有一定商业合理性。

（三）分析与结论

业绩真实性问题是审核的重点问题，经发行人论述及中介机构核查回复后，审核部门在后续反馈问题中，又针对电采暖产品的收入真实性及坏账准备计提充分性问题进行了询问，主要内容如下。

请发行人说明发行人应收账款结算周期、报告期后应收账款周转率变动情况、经销商销售回款情况是否存在积极变化；说明与同行业可比公司、相关财政补贴资金拨款政策变化趋势是否相同；说明经销商回款政策是否存在变化；结合主要经销商回款政策说明与实际回款周期是否存在较大差异，是否存在未按照经销协议等约定回款的情况及对应的收入占比，报告期内坏账准备计提是否充分；说明在不同销售模式下，销售费用率水平及销售费用具体用途，与同行业可比公司是否存在明显差异。

2022 年 7 月，发行人终止了上市申请流程，暂未通过上市审核。

十一、现金交易与业务真实性：汇群中药(832513)

（一）审核问题

中介机构关于收入真实性的核查方式仅为询问和观察，能否达到对客户销售收入真实性的核查目的。仅取得各期借方发生额大于 100 万元的银行账户资金流水，不包括微信及支付宝、药师帮账户，仅对所有存续的银行账户余额及借款情况进行函证，如何保证现金交易的可验证性。

（二）发行人回复及中介机构核查

中介机构通过函证、检查、穿行测试、细节测试、各个维度的分析性程序、PDA 扫码记录特别核查、资金流水核查、客户供应商信息查询等多种手段对发行人收入进行的核查程序与实地走访相互印证，能够达到保证客户销售收入真实性的核查目的。

发行人现金销售的主要原因如下。

（1）现金销售客户主要为单体药店、中医馆等单体零售终端，一般兼有中医问诊，组织形式一般为诊所、个体工商户等，分布在汕头、汕尾、揭阳、梅州、潮州区域，群体较为分散且数量众多，该类客户具有现金使用习惯。

（2）单体零售终端客户存在交易频次较多、单次交易金额较小的特点，同时发行人给予的账期较短（7 天、15 天等），出于交易的便捷性等原因，存在使用现金付款的情形，具有商业合理性，与发行人业务情况相符。

（3）支付宝、微信等移动支付方式近年来开始普及，但上述客户经营者以中老年中医群体为主，对于支付宝、微信等支付方式的使用还需要接受时间。

发行人为减少现金交易已采取以下改进措施。

（1）公司持续引导原先使用现金结算的单体零售终端客户使用对公银行账户、微信/支付宝支付。2021 年，公司将降低现金结算作为考核指标。

（2）针对客户支付操作烦琐问题，2021 年公司信息部进行了汇群客户服务软件平台开发，涉及的功能包括客户货款支付、对账、药检报告下载、客户身份实名认证、客户信息备案等，目前该软件已上线，由业务员对客户进行使用引导，解决客户支付操作问题。

（三）分析与结论

现金交易是零售企业常见的问题之一，现金交易涉及经营收入真实性不易核查的问题，因而被监管部门重点关注。发行人及中介机构本次反馈回复后，审核部门在后续反馈中再次对现金交易的问题进行了询问，主要内容如下。

未揭示向社区卫生服务站等客户大额现金销售的真实合理性。2020 年，现金收款第一大客户为广厦街道樱花社区卫生服务站，交易金额为 193.35 万元。请发行人对报告期内结算异常客户进行逐一核查并说明现金收款合理性，是否具有商业合理性；对各期现金采购单次金额进行分层并对单次金额较大的采购情况的合理性进行逐一说明。

同一客户高频销售的合理性。根据前次问询回复，发行人单次销售数量及金额均较小，单体终端订单均值为708.91元。以前述樱花社区卫生服务站的193.35万元为例，需每周下单52.31次才可达到常规销售金额。请发行人对报告期内高于平均采购频次和平均采购金额的客户进行逐一核查并说明交易合理性。

现金交易比例与同行业可比公司存在较大差异。请发行人进一步说明现金交易是否符合行业经营特点，与同行业公司的比较情况，发行人为减少现金交易采取的改进措施及进展情况。

请保荐机构及申报会计师补充核查，并就发行人报告期现金交易的真实性、合理性和必要性，说明是否影响发行人内控制度的有效性。

2022年3月，发行人终止了上市申请流程，暂未通过上市审核。

十二、业绩大幅波动：光谷信息(430161)

（一）审核问题

说明2021年1—6月时空数据服务、系统集成及服务毛利率下降的原因，预计全年毛利率波动趋势，发行人毛利率是否存在持续下滑的风险。

（二）发行人回复

2021年1—6月，发行人时空数据服务毛利率为35.40%，较上期下降8.65个百分点，主要是发行人上半年时空数据服务业务完工验收的项目数量较少，整体收入规模较低，导致业务毛利率受单个项目影响较大。发行人时空数据服务主要项目一般在下半年履行验收程序，上半年确认收入的部分项目毛利率较低。该项目在实施过程中，实际完成的工作量大于合同初始预估的工作量，为满足客户要求，如期完成项目交付，公司加赶工期，整体项目成本支出较高，毛利率水平较低，项目毛利率为24.07%，拉低了整体业务毛利率水平。

2021 年 1—6 月，发行人系统集成及服务的毛利率低于 2020 年度，与 2018 年度和 2019 年度持平。该项目属于系统集成类业务，直接材料支出相对较高，项目毛利率为 25. 26%，低于运维类业务毛利率水平。同时，该项目确认收入为 3467. 14 万元，占上半年系统集成及服务业务收入的 66. 62%，收入占比较高，影响了系统集成及服务的上半年整体业务毛利率水平。

根据发行人 2021 年度的未审数据，发行人时空数据业务毛利率预计为 36. 14%，系统集成及服务毛利率为 25. 72%，整体较上半年有所上升。综上所述，2021 年 1—6 月，发行人时空数据服务和系统集成及服务业务受单个项目影响较大，毛利率水平较上年度呈现下滑趋势。随着发行人下半年项目陆续验收，业务整体收入规模不断上升，时空数据服务和系统集成及服务毛利率水平较上半年有所回升，但时空数据服务业务受单个毛利较低的项目影响较大，整体毛利率水平不及上期，系统集成业务毛利率与上期基本持平。

公司业务规模整体相对较小，毛利率受个别金额较高项目的影响较大。未来，若公司大金额项目的毛利率维持较低水平，将可能导致公司毛利率持续下滑。

（三）分析与结论

发行人时空数据服务业务的毛利率波动较大，未来可能存在持续下滑的风险，审核部门在后续反馈问题中，再次问及该问题，主要内容如下。

根据申请材料及二轮问询回复，2021 年发行人营业收入为 3. 27 亿元，较上年同期增幅达 9. 93%，净利润为 3779. 57 万元，较上年同期下降 26. 86%。

请发行人说明量化分析 2021 年净利润大幅下滑的原因，是否存在持续影响利润下滑的因素，是否存在在手订单下滑的情形；说明 2021 年末系统集成在手订单金额是否较低及原因、业务可持续性；说明时空数据服务后续收入占比和毛利率是否存在下降风险及对经营业绩的影响。

截至 2022 年 3 月发行人终止上市流程时，暂未对上述问题进行回复。

十三、资金体外循环：东立科技(835193)

（一）审核问题

详细说明发行人、亚平宁商贸、兴中钛业三个主体间的业务往来背景及商业合理性；三方交易是否真实发生，三方互相往来的资金金额是否大致持平，是否存在实质上的资金体外循环，通过该循环持续做大发行人业绩的情形。

（二）发行人回复

公司、兴中钛业、亚平宁商贸三方支付金额有较大差异，不存在同一笔资金在不同主体间循环往来的情形。经逐笔核查报告期内上述三方的交易，结合资金流、发票、出入库单据、过磅物流单据等信息，能够证实上述交易的真实性。因此，公司、兴中钛业、亚平宁商贸三方业务均具有商业合理性，业务交易真实，公司不存在资金体外循环，通过该循环持续做大业绩的情形。

公司制定了财务、采购、生产管理、销售管理、行政管理等内部控制制度，并按相关制度开展内部控制工作。但由于部分制度不够细化，部分管理层在执行过程中的认识理解有一定偏差，导致报告期出现公司供应商亚平宁商贸将公司向其支付的预付款拆借给公司关联方兴中钛业及其子公司兴中矿业，从而构成变相资金占用的情形。上述对亚平宁商贸的预付款事项，公司均按照当时内部控制制度的要求履行了必要的审批程序。

发现上述变相资金占用情况后，发行人和保荐机构及时向全国股转公司及中国证券监督管理委员会四川监管局做了报告，并立即进行了整改，履行必要的补充确认程序，对外进行信息披露；收回了被占用的资金，公司实际控制人向公司支付了资金占用费；同时，公司修订完善了《财务管理制度》和《采购管理制度》，制定了《防范控股股东及关联方资金占用管理制度》，进一步加强预付款项管理，对不同的付款金额分别规定了审批权限，强化了预付款项后续管理，预防和杜绝类似情况的再次发生。公司在完善内控制度的同时，加强对执行过程的监督，保障公司的内部控制制度设计有效，执行到位。

（三）分析与结论

资金体外循环会造成业绩虚增，致使统计收入利润与实际不符。发行人回复后，审核部门在后续反馈过程中，对发行人、兴中钛业、亚平宁商贸三方交易金额与资金流转情况不匹配的问题又做了进一步反馈，主要内容如下。

请发行人单独列示报告期内转贷、占用的资金在发行人、亚平宁商贸、兴中钛业三方之间的流转情况，说明资金占用、转贷的发生与清理是否和对应的资金流转情况相匹配。剔除转贷、资金占用因素后，详细分析发行人、亚平宁商贸以及兴中钛业三方之间的货物流转数量、金额与三方之间资金流转的匹配关系。说明发行人、兴中钛业、亚平宁商贸三方交易与资金流转的匹配性，是否存在体外资金循环。

请保荐机构、会计师核查上述事项，说明各记账凭证对应货物流单据的时间跨度较大的原因，是否核查货物实体运输情况，三方之间的相关货物是否真实生产、入库、出库。

2022 年 3 月，发行人终止了上市申请流程，暂未通过上市审核。

十四、关于实际控制人个人卡大额取现：科润智控（834062）

（一）审核问题

实际控制人银行卡是否由发行人保管、使用并记账；银行卡内资金来源，资金是否属于通过虚构采购交易等手段违规占用的发行人资金；说明不通过银行转账而是多次、大额存取现金的必要性及合理性。

（二）发行人回复

实际控制人王荣和王隆英的银行卡均由王荣及王隆英本人保管，资金的使用也由王荣及王隆英本人自由支配。办理存取现业务时，王荣通常会指派公司出纳朱丽红作为经办人代为办理；王隆英的存取现业务为自己赴银行办理，实际控制人银行卡并非由发行人保管、使用并记账。

实际控制人卡内资金来源主要有股票转让、房屋出售、分红款、工资薪金、政府奖励及个税返还、银行贷款等，均来自实际控制人自筹资金和正常报酬，2016—2021 年主要资金支出系黄大友借款及投资支出、科润智控增资款、购置房屋、房屋装修绿化、房屋按揭还贷、姜有华借款支出、业绩补偿款、补缴股票交易个税、银行还贷本金、银行贷款利息、王隆华借款支出等，不存在通过虚构采购交易等手段违规占用发行人资金的情形。

保荐机构于 2020 年初对发行人进行尽职调查，详细查看了发行人实际控制人的银行卡流水，严肃指出公司实际控制人存在大额存取现的不规范资金使用行为，要求实际控制人高度重视，严格整改，切实规范个人银行卡的资金使用。实际控制人听取保荐机构整改意见，对其大额存取现的不规范资金使用行为进行整改，自 2020 年开始，实际控制人存取现金金额明显下降。

实际控制人与员工的大额资金往来主要系向员工借款及借款给员工。实际控制人向员工借款主要发生在报告期外及报告期第一年（2019 年），主要系个人短期资金紧张所致。2019 年 12 月，随着公司实施了 2019 年半年度利润分配及以前年度对外借款的陆续收回，实际控制人资金紧张的情况得到缓解，2020 年以后向员工借款的情况不再频繁发生；借款给员工主要系员工因突发事件或资金周转向实际控制人借款。上述资金往来均具有合理性。

实际控制人与员工的资金往来和科润智控的经营业务无关，不存在为发行人虚增收入或代垫成本费用、不存在未入账收入、不存在商业贿赂的情形。公司员工与实际控制人资金往来的主要来源系理财产品赎回、个人家庭积蓄等，不存在违法违规风险。

（三）分析与结论

保荐机构和会计师通过获取存取现相关的银行回单、银行流水、收据、借据、对手方访谈确认函、银行回单等证据，核实公司不存在通过虚构交易、资金拆借等手段违规占用发行人资金、损害发行人利益的情形。亦不存在为公司虚增收入或代垫成本费用、不存在未入账收入、不存在商业贿赂的情形。经保荐机构辅导，自 2020 年下半年开始实际控制人资金往来选择以银行转账为主，实际控制人现金存取情况在报告期内逐渐减少。

2022 年 7 月，发行人在北交所成功上市。

十五、销售模式对毛利率的影响：大禹生物(871970)

（一）审核问题

同类产品直销模式和经销模式的毛利率差异较大的原因，说明与同行业可比公司相比是否存在明显差异。

（二）发行人回复

公司自 2019 年起发展线下直销模式，线下直销模式与经销模式在相同类别产品线下存在价格、毛利率差异的原因如下。

公司线下直销模式与经销模式均有销售的产品大类主要是微生态制剂中的混合型饲料添加剂产品。经销模式与线下直销模式下销售的混合型饲料添加剂产品不同，经销模式下销售的混合型饲料添加剂主要为面向终端养殖的出提、活抗、希慕泰等自有品牌产品，线下直销模式下销售的混合型饲料添加剂产品主要为面向饲料生产企业的“配方+”、复合菌类产品等饲料添加剂，由于产品配方存在差异，直销模式下的混合型饲料添加剂产品总体售价和平均成本相对经销模式下更高。报告期内，直销产品中，

“配方+”系列、重组系列以及其他饲添产品的毛利率与经销产品毛利率整体并无明显差异；直销产品中的复合菌类饲添产品是公司2020年新投产的产品，产能尚在提升阶段，制造费用较高、毛利率偏低，因此拉低了直销产品的整体毛利率；同时，直销产品主要面向饲料及添加剂生产企业，客户议价能力较强，因此，直销产品毛利率并未高于经销产品。2020年，单一饲料经销模式与线下直销模式毛利率差异较大，主要原因是2020年线下直销的单一饲料仅有一笔订单，单笔批量小，为客户定制化产品。

同行业可比公司披露了直销模式与经销模式毛利率的差异情况。根据其招股说明书披露，其微生态及酶制剂业务的直销模式毛利率高于经销模式毛利率，主要是各大类产品的下游行业和客户存在较大差异，不同渠道销售的产品结构存在差异。公司与同行业可比公司相比，直销模式与经销模式的毛利率差异主要由不同模式下销售的产品结构、产品类别和客户群体等差异所致，差异原因具有相似性，因此，公司与同行业可比公司相比不存在明显差异。

（三）分析与结论

发行人结合不同产品类型下主要产品的价格、单位成本、毛利率、销量变动情况，分析了相同类别产品线下直销模式和经销模式的单价、毛利率存在较大差异的原因，对经销收入的真实性、准确性进行了论证。

2022年5月，发行人在北交所成功上市。

十六、毛利率下滑风险：骏创科技（833533）

（一）审核问题

说明新产品处于量产初期毛利率下降较大的原因，报告期内其他新产品是否存在类似下降的情况；结合同行业可比公司新产品的毛利率变化说明是否为行业惯例。

（二）发行人回复

2019年度、2020年度、2021年度，公司汽车天窗控制面板系列主要新产品的综合销售毛利率分别为6.04%、14.14%、35.40%，公司汽车天窗控制面板系列主要新产品在量产初期毛利率相对较低，随着新品持续生产交付，生产效率、良品率逐步提升，毛利率也逐步提升。发行人销售汽车天窗控制面板系列的主要客户为安通林，配套终端客户品牌主要为福特和捷豹路虎，由于汽车天窗控制面板系列的换代成本较高、周期较长，因此自2013年开始量产以来长期未进行车型换代。配套福特车型自2019年开始改款试生产、2020年开始改款小量产，配套捷豹路虎车型自2020年开始改款试生产、2021年开始改款小量产。由于新品在量产初期，受需求量较小、生产效率处于爬坡阶段以及良品率低等因素影响，毛利率相对较低。

终端车型投放到市场后，整车厂根据消费者实际购买统计数据，会进行相关配置、规格、版本的优化调整，通常需要1~2年时间，所售车型版本及需求量才会趋于稳定。在需求量稳定前，各零件需进行多次试生产、优化调整、再试生产，在此阶段，由于非连续性需求且数量较少，使得公司不能连续性开机生产。同时，公司为应对客户在新产品爬坡阶段的设计、配置等优化调整，需多次进行上下模具、生产、验证过程，使得生产车间频繁地开机、停机，导致生产效率较低、良品率较低。因此新品爬坡阶段成本提高、销售毛利率较低。

除了汽车天窗控制面板系列外，公司其他主要产品是新能源汽车功能部件系列以及汽车悬架轴承系列，新能源汽车功能部件是报告期内新开发的产品，和汽车天窗控制面板系列类似，均具有多品种、小批量的特征，因此新产品对毛利率的影响相对较大；汽车悬架轴承产品由于换代新产品和老产品具有较高的相似度，生产工艺和原材料具有通用性，新产品对毛利率的影响程度较小。

同行业可比公司均为上市公司，客户集中度相对较低、产品种类较为分散，配套整车品牌及车型规格较多，当部分下游车型改款换代时，新产品对公司的整体毛利率影响通常较小。公司在报告期内的客户集中度相对较高且新产品销售占比增幅较大，因此公司的新产品对毛利率变动影响相对较大。同行业可比公司中涉及新产品对量产稳定性和退货率有一定影响的表述，汽车零部件行业公司也在公开信息中有关于新产品初期毛利率较低的相关表述。

（三）分析与结论

公司的新产品在量产初期毛利率较低，具有合理性，符合行业惯例。

2022 年 5 月，发行人在北交所成功上市。

十七、产品毛利率与同行业公司偏离较大的合理性：科创新材(833580)

（一）审核问题

说明产品是否具有公开的市场报价，公司产品销售价格是否与可比公司存在较大差异，毛利率能否维持保持较高水平。

（二）发行人回复

公司核心产品功能耐火材料是针对每一家客户的具体订货要求而确定每单合同价格的，在行业平台上没有统一报价。互联网上可以查询到有关其他公司少量普通耐火材料产品的报价，但由于钢包底吹氩透气砖系列产品属于高度定制化功能耐火材料产品，这些不同种类产品报价之间几乎没有可比性。

在正常销售的情况下，发行人会给产品制定销售参考价格，销售参考价格是在考虑市场同类产品售价、自身产品生产成本、相关税费及合理的利润率等因素下制定的。对于常用的规格型号产品，由于批量较大，制造成本会低一些，相应的销售价格也会偏低；对使用寿命、规格型号、交货周期、包装等有特殊要求的产品，制造成本较高，相应的销售价格也会偏高。由于发行人作为聚焦于功能耐火材料的“专精特新”企业，在金属液体净化透气元件这个细分领域内有着技术和成本的独特优势，在细分行业内能保持相对合理偏上的市场销售价格，与可比公司的同类产品销售价格不存在较大差异。

发行人功能耐火材料的毛利率水平高于不定型耐火材料、定型耐火材料，是由主要原材料的成本、生产周期、工艺设备要求、质量和安全要求、使用寿命、使用功能要求等各方面差异造成的。其最核心的因素还是发行人通过不断研发和提高生产技术、控制生产成本在适当的范围内，使发行人的功能耐火材料具有技术和成本上的独特优势，市场竞争优势较大。由于发行人的核心产品金属液体净化透气元件（透气砖）使用寿命比同行业其他产品高，这将提高钢包的周转次数，增加炼钢厂的经济效益，发行人的产品使用性价比较高是客户愿意接受发行人的产品售价稍高的主要原因。由于发行人高毛利率的核心产品金属液体净化透气元件在功能耐火材料中占比较高，导致发行人功能耐火材料的毛利率要高于不定型耐火材料和定型耐火材料的毛利率。

目前，发行人在功能耐火材料方面具有一定的研发和生产技术方面的相对优势，随着有较高技术含量的募投项目精炼钢包用镁尖晶石复合材料、RH 精炼炉用镁尖晶石复合材料陆续投产，发行人能在一段时期内保持相对较高的毛利率。

（三）分析与结论

发行人在细分领域内有着技术和成本的独特优势，整体毛利率比同行业毛利率水平高，这主要是不同公司不同产品结构导致的，发行人对此做出了合理的解释。

2022 年 5 月，发行人在北交所成功上市。

十八、采购价格公允性：荣亿精密（873223）

（一）审核问题

说明向博威合金的采购价与市场价的差异及分析差异原因，博威合金向其他客户销售 C3604 合金棒材的价格差异分析。发行人是否虚增毛利率。

（二）发行人回复

发行人向博威合金采购 C3604 合金棒材的单价略低于博威合金向其他客户销售 C3604 合金棒材的价格，主要是因为发行人与博威合金已稳定合作 10 年以上，双方合作良好。同时，发行人采购量大，为博威合金铜合金棒材前十大客户。博威合金对客户的销售报价中已包含运输成本，博威合金与发行人距离较近，故销售单价略低。

因此，发行人向博威合金采购 C3604 合金棒材的单价与铜锌合金日平均市场价差异率较低，略低于博威合金向其他客户销售 C3604 合金棒材的价格具有合理性，不存在虚增毛利率的情形。

发行人与博威合金的合作可持续，且发行人亦可从金田铜业取得相同的采购价格，发行人不存在对博威合金依赖的情形。发行人铜合金棒材采购的价格优势主要源自发行人长期稳定的带量采购以及发行人周边具备充足的原材料供应商。发行人因业务发展需要购买碲铜、紫铜等价高铜材，报告期内发行人向博威合金采购碲铜、紫铜与向其他供应商采购同类别牌号的单价差异较小。

（三）分析与结论

发行人对采购价格可以做出合理解释说明，价格差异较小，不存在虚增毛利率的情形。

2022年6月，发行人在北交所成功上市。

十九、成本核算准确性：嘉缘花木（871181）

（一）审核问题

发行人各项目成本结构差异较大，说明材料、人工耗用与施工项目匹配性；发行人苗圃基地的苗木主要用于对外销售，仅少部分用于公司自身的园林工程及园林养护业务，说明苗木种植与工程业务的协同性。

（二）发行人回复及中介机构核查

报告期内，在累积确认收入前十大项目中，苗木、材料、劳务耗用具有合理性，与项目规模相匹配；报告期内，累积确认收入前十大项目在实施过程中不存在大额补种、反复补种等异常情况，相关成本耗用真实准确；报告期内，公司主要苗木、材料、劳务的采购价格公允；由于工程用苗与公司自有苗木在品种、规格型号、价格方面存在差异，导致公司自产自用苗木较少，公司工程用苗以对外采购为主，相关情况具有合理性；发行人的苗圃基地在品牌树立、资质申请、研发投入、业务协同等方面均发挥着重要作用。

报告期各期郁闭金额、苗木库存和苗木销售具有匹配性；公司主要苗木品种不存在郁闭后长期滞销的情况；相关园林专家和园林行业协会副会长认为郁闭前的苗木应分摊更多的养护费用，公司的分摊比例处于合理区间；养护费用分摊系数符合《企业会计准则》的相关规定，公司不存在通过调整养护费用分摊办法达到虚增净利润的情形。

（三）分析与结论

收入成本的核算涉及营业利润的多少，进而影响北交所财务指标的判断。发行人及中介机构对收入成本核算问题回复后，在后续反馈中又对成本收入核算的准确性问题进行了提问，主要内容如下。

发行人在施工过程中存在部分项目未及时上报产值、未及时取得业主确认的情形，相关内控措施是否有效执行，报告期各期审增金额大幅增长的合理性，发行人是否存在内控机制不完善和会计基础薄弱等情形。

说明青华湖恢复二期项目在2020年签订补充合同对工作量进行确认后，在同年审定结算中仍需对收入金额大幅调整的原因及合理性，项目审定结算过程中是否需要进行较多的人为判断，审定结算过程是否合法合规，是否存在商业贿赂等情形。

补充说明发行人和云南善惠林业对苗木存货执行盘点的具体程序，确认苗木种类和数量的具体方法、手段与依据，相关依据是否充分；说明发行人选择聘请云南善惠林业进行调查盘点的决策过程和主要考虑，发行人及其主要人员与该公司及其主要人员间是否存在关联关系或其他利益安排。

2022年5月，发行人终止了上市申请流程，暂未通过上市审核。

二十、向供应商支付和实际采购的匹配性：浦漕科技（870382）

（一）审核问题

发行人通过受托支付、银行承兑汇票等方式向供应商东春辉支付资金，支付时间与东春辉实际采购时间存在明显差异，说明东春辉除向发行人供货外，是否存在其他资金往来，是否涉嫌资金占用。

（二）发行人回复及中介机构核查结论

发行人实际控制人芮黎春与东春辉贸易实际控制人万福平是多年好友，双方存在深厚友谊及互信度。万福平主要从事电线电缆销售及电线电缆供应链上下游业务，出于业务布局考虑持有了该企业，但由于其他原因导致未能按计划利用该平台开展业务。为满足银行贷款受托支付的要求，同时考虑到资金的安全性和对方的配合度，浦漕科技从 2017 年开始通过东春辉贸易进行银行转贷，即银行在发放贷款后，以受托支付的方式将贷款资金通过浦漕科技账户支付给东春辉贸易，东春辉贸易将收到的款项在短时间内汇回浦漕科技账户。发行人为了避免银行贷款通过无交易背景的第三方进行周转，保证资金使用符合贷款合同约定的交易对象及用途，从 2018 年开始将生产用主要原材料铜杆部分通过东春辉贸易对外采购，因此东春辉贸易除向发行人供货外，暂不存在其他实际业务。自 2020 年 4 月起，由于公司业务规模扩大及采购金额增加，为减少关联交易，发行人已停止了与东春辉贸易之间的关联采购。

发行人支付给东春辉贸易的款项均系转贷及受托支付的款项，是按照金融机构的要求进行的业务行为，且发行人支付给东春辉贸易的资金可以根据自身的使用计划，由东春辉贸易配合发行人再将款项汇回给发行人。因此，并非发行人预付货款转给关联方，并不涉及资金占用。

（三）分析与结论

发行人向东春辉贸易支付资金与东春辉实际采购时间存在一定间隔，审核部门在后续反馈时，再次对实际支付与采购的匹配性问题进行了询问，主要内容如下。

说明 2018 年 11 月至 2019 年 8 月向东春辉贸易支付多笔资金，但与东春辉之间未发生采购交易的原因；发行人向东春辉贸易支付采购款与实际采购的匹配性，相关资金是否一直留存在东春辉贸易，是否用于开展其他业务；是否涉嫌资金占用，发行人主要人员与东春辉主要人员间是否存在资金往来。

说明相比于其他供应商，东春辉如何具备更强的议价能力，能够实现在同一日期以更低价格向发行人供应铜杆，是否存在为发行人代垫成本等情况。

2022 年 3 月，发行人终止了上市申请流程，暂未通过上市审核。

二十一、营业收入增长与销售费用匹配性：科润智控（834062）

（一）审核问题

说明收入增长是否与电网基础设施投资建设、招投标数量、中标率等情况相匹配；2021 年主要通过自身销售渠道开拓省外地区客户后，计入销售费用的差旅费、业务招待费、广告宣传费和销售人员数量未见明显增长的原因及合理性；是否存在少计费用、由关联方或其他第三方代垫费用、资金体外循环的情况。

（二）发行人回复

2020 年，在公司主要新增客户中，电力系统企业较多，通常由公司通过公开信息获取招投标信息并中标获得订单；2021 年，在公司主要新增客户中，电力设备安装公司较多，主要通过公司销售人员开拓、老客户推荐、客户主动联系等方式获取客户采购信息，通过竞争性谈判及商务谈判方式获取订单。在公司新增客户中，少数电力设备安装公司和其他终端用户注册资本较低，但采购量也相对较低，产品均有具体工程项目对应，具有商业背景。公司采用招投标及竞争性谈判方式获取订单的客户规模通常较大，采用商务谈判方式获取订单的客户规模通常较小。2020 年和 2021 年，公司主要新增客户的规模与其采购量相匹配。

在电力设备行业内，电力系统企业和大型企业通常采用招投标模式采购产品，公司通过客户发布的招标公告获取采购信息，并进行独立投标，通常不需要到客户现场开标，因此销售人员通过公开信息招投标所需的相关销售费用通常较低。公司通过公开信息中标或老客户推荐的方式获取新客户的收入占比较高，原有客户的维系只需原销售人员持续对接即可，因此销售人员数量并未大幅增加。

自 2020 年新冠肺炎疫情发生以来，商务交流的交互方式发生了较大的变化，公司减少了销售人员的出差行程，对部分原有客户仅通过电话、邮件联系即可承接订单并开展业务；此外，随着公司内控制度的不断完善，公司销售人员的出差审批更加严格，需满足出差地无疫情、出行目的明确、行程安排较为集中等条件方可通过公司批准，因此产生的相关差旅费较低。公司销售人员出差行程及客户来访的行程均有所减少，因此相关接待产生的业务招待费也有所降低。客户来访时主要由公司食堂负责接待，相关支出均计入管理费用，因此，业务招待费占营业收入的比例有所下降。

公司的产品主要为变压器、高低压成套开关设备和户外成套设备等通用电力设备，产品种类相对单一，终端消费群体是大中型实体公司、小区物业和供电单位，主要通过招投标、公司销售团队来开拓销售渠道，扩大知名度，提升市场竞争力。因此，公司广告宣传费未见明显增长。

公司销售费用与新增客户数量不直接匹配，与新增客户开拓方式和地域分布情况相匹配。报告期各期，公司销售费用与新增客户及原有客户收入变动情况相匹配，不存在少计费用的情况；通过核查实际控制人及其亲属、董事、监事、高级管理人员、关键岗位人员、公司及其关联方的银行账户流水，获取实际控制人不存在为公司代垫费用的确认函，公司不存在由关联方或其他第三方代垫费用、资金体外循环的情况。

（三）分析与结论

公司销售费用与新增客户、原有客户收入变动情况相匹配，不存在少计费用的情况。通过核查实际控制人及其亲属、董事、监事、高级管理人员、关键岗位人员、公司及其关联方的银行账户流水等方式，发行人不存在由关联方或其他第三方代垫费用、资金体外循环的情况。

2022 年 7 月，发行人在北交所成功上市。

二十二、运输费用核算准确性：伊斯佳（838858）

（一）审核问题

发行人说明各期运输费是否和营业收入变动趋势相一致，单位运费波动的原因及合理性。

（二）发行人回复

报告期各期，发行人运费占营业收入的比重略有波动，但总体呈上升趋势，主要有以下三个方面原因。

（1）发行人与不同客户签订的销售合同中规定的运费承担方有所不同，部分由发行人承担运费，部分由客户提货时自行承担运费。

（2）运费金额与销售产品的体积、重量及物流的距离有关，这些因素都会导致运费占收入比重的波动。

（3）公司自 2020 年开始大力拓展线上自营业务，线上零售发生的快递费占零售价的比重相对较高。

2019 年，运费金额大幅下降，主要原因是 2018 年发行人第一大客户名创优品集团在 2019 年收入规模下降，使得其承担运费大幅减少。2019 年，客户曼德琳集团的收入规模增加并成为发行人的第一大客户，发行人向该客户销售的产品均由该客户自提，因此 2019 年发行人在总营业收入增加的情况下，运费金额有所下降。2020 年和 2021 年上半年，由于公司大力拓展自主品牌的线上销售业务，运费占营业收入的比重有所上升。

发行人单位运费的波动具有合理性。

（三）分析与结论

审核部门对于运输费用的核算是否符合《企业会计准则》相关规定进行了询问，发行人从 2020 年开始实行新收入准则，根据新准则规定，构成合同履约义务的商品运输费不再计入销售费用而是计入营业成本核算，因此 2020 年和 2021 年 1—6 月计入销售费用的运输费金额大幅下降。但在后续反馈问题中，审核部门对运输费用的核算仍进行了关注提问，主要内容如下。

请发行人结合与客户签订的主要合同条款及运输承担方式，说明如何区分计入成本和销售费用的运输费用，详细列示报告期各期运输费用在成本及销售费用中的金额，说明运费与各期销量、收入等的匹配性，相关会计处理是否符合《企业会计准则》相关规定；说明2020年实行新收入准则后，发行人营业成本明细中均未单独列示运费及与可比上市公司存在差异的原因和合理性；说明大客户定制业务销售费用中快递物流费的具体核算内容，及2020年该明细金额大于销售费用中运费总金额的原因；说明发行人与同行业可比公司运输费用的比较情况及差异原因，是否存在偏低的情形；说明报告期内发行人向前五大运输供应商支付运费金额及占比情况。结合前述事项说明发行人成本费用核算是否真实、准确、完整。

截至2022年3月发行人终止上市申请时，暂未对上述问题进行回复。

二十三、研发费用归集准确性：七丰精工（873169）

（一）审核问题

当研发人员从事非研发活动或同时参与多个研发项目时，公司根据各研发人员的工时比例在各研发及非研发活动中进行分摊。公司的内控制度及内控措施是否支持以上划分，是否存在成本费用混同的情形。

（二）发行人回复

公司研发人员皆为从事研发相关工作的人员。研发人员所属部门包含了公司的工程技术部（研发部）、生产部、质量管理部和销售部。报告期内，工程技术部根据项目研发需求选取与研发目标相关的部分质量管理部、生产部及销售部员工作为技术支持人员和辅助人员，共同组成项目组开展研发活动，并将由此产生的职工薪酬计入研发费用。

公司研发人员在实际工作中，分别统计了非研发活动和研发活动的实际耗用工时，同时研发活动的工时按照其参与的研发项目进行明细统计。每月，公司汇总编制研发人员从事非研发活动与从事研发活动的项目明细工时，并经授权人员审核。

财务部门根据研发活动和非研发活动的工时情况，将研发人员薪酬分摊至研发费用和相应的成本费用中。研发人员研发费用薪酬=研发人员当月全部薪酬×当月研发活动工时/当月总工时；研发人员非研发活动薪酬=研发人员当月全部薪酬×当月非研发活动工时/当月总工时。因此，以上程序能够保证研发人员在同时从事非研发活动或同时参与多个研发项目的情况下，准确记录从事研发活动和非研发活动的工时。

公司根据《企业内部控制应用指引》等相关文件要求，建立健全并严格执行与研发生产相关的内控制度，覆盖原材料采购入库及外协入库、原材料出库、研发支出核算、库存商品及营业成本结转、研发费用列报等各个环节，并详细规定了与研发生产相关的会计核算方法。通过相关内控制度的有效执行，公司能够保证研发生产核算的准确性。

（三）分析与结论

发行人通过公司内控制度及相关措施支持研发部门的划分，不存在成本费用混同的情形。

2022 年 4 月，发行人在北交所成功上市。

二十四、研发支出资本化率高于同行业可比公司及一致性：优炫软件(430208)

（一）审核问题

说明申报期内制定的研发支出资本化的标准，在报告期内是否保持一致，研发支出资本化率和具体会计核算方法与同行业公司是否存在重大差异及原因。

（二）发行人回复

报告期内，中介机构协助发行人对公司财务报表、业务、合同等资料进行了全面梳理，尤其是基于公司以研发投入为申报上市的条件，重点对公司研发支出的会计处理进行了梳理。经梳理，公司会计核算存在部分不规范的情形，为了更好地反映财务状况和经营成果，并根据《企业会计准则》和谨慎性原则，中介机构协助发行人对照合同条款对客户的收入确认时点进行了全面梳理，对取得的验收文件进行了全面整理，进而确定相应收入成本费用的归属期间，并根据梳理的结果对 2018 年、2019 年、2020 年的财务报表进行了差错更正。

发行人说明了报告期内数据库 V10.0 等各研发项目各期的职工薪酬、委外开发费和折旧、摊销及其他等构成情况以及各期计入研发费用或开发支出的情况。公司的研发项目主要围绕公司核心技术及主要产品，研发形成的核心技术均属于底层基础软件相关技术，研发的软件产品主要属于通用的标准化基础软件产品，适用于各类客户及项目，日常研发活动并非针对具体客户或具体项目，不存在与具体订单相关的情形。公司项目研发周期与同行业可比公司不存在较大差异且符合公司研发实际，项目研发周期符合行业惯例。

发行人进一步说明了申报期内制定的研发支出资本化的标准，包括但不限于研发支出资本化的起始时点、结束时点、内部控制流程及内外部依据。报告期内，发行人计入研发投入的无形资产软件使用权的摊销金额全部计入研发费用，未计入开发支出；数据库 V2.1 每年的摊销金额 46.66 万元亦全部计入研发费用，未计入数据库 V10.0 的开发支出，不存在重复资本化的情形。

数据库 V2.1 主要对开发阶段的职工薪酬进行资本化，数据库 V10.0 的资本化范围比 V2.1 增加了委外开发费及折旧房租，如按照数据库 V2.1 的资本化范围进行调整，对各期净利润影响金额分别为-3567.64 万元、-1825.18万元、-1331.38 万元，占调整前净利润比例分别为-82.50%、-89.01%、11.55%。

发行人研发支出资本化率高于同行业可比公司，原因是发行人报告期内的主要研发项目为数据库 V10.0，发行人对其通过项目立项后的研发支出均进行了资本化处理，从而导致发行人整体的研发支出资本化率高于同行业可比公司。

（三）分析与结论

研发支出资本化会对企业利润产生影响，进而产生企业是否符合上市标准的问题。基于公司是以研发投入为申报上市条件的，审核对此尤为关注，对于发行人资本化率高于同行业可比公司以及一致性问题，发行人回复后，审核反馈又进行了后续询问，对于该问题的询问内容如下。

进一步分析资本化研发项目是否同时满足研发支出资本化的条件及内外部证据，相关判断是否审慎、合理且符合行业惯例。说明研发支出资本化的会计处理与同行业可比公司存在明显差异的原因，并结合报告期内数据库 V10.0 结束资本化前存在销售的情形，分析以获取外部机构颁发的权属证书、认证证书等作为研发项目达到预定用途的依据是否符合《企业会计准则》规定或者行业惯例。说明研发支出中委外开发项目费用化、资本化的具体划分标准与依据，结合各项目立项报告、资本化评审报告中对“产生经济利益的方式”的具体论述，说明发行人自行研发无形资产同时用于生产及后续研发的合理性，将自行研发形成的无形资产摊销计入研发费用而非成本的具体依据，是否与主要研发目的、产生经济利益的方式相一致，是否符合《企业会计准则》相关规定。结合同行业可比公司研发人员的认定标准，进一步说明将参与研发测试工作的技术支撑部员工认定为研发人员的合理性，是否存在多计研发人员的情况。

请会计师分析“数据库 V2.1 与数据库 V10.0、V10.X 在资本化标准的所有重大方面保持一致”的结论是否审慎。

请保荐机构、会计师就研发支出资本化时点及相关会计处理是否符合《企业会计准则》等相关规定发表明确意见；说明发行人研发相关会计核算基础及内部控制是否健全，资本化率高于同行业可比公司的原因及合理性，资本化范围不一致的原因及合理性；是否存在利用会计估计调节利润的情况。

截至 2022 年 7 月发行人终止上市申请时，暂未对上述问题进行回复。

二十五、研发支出资本化的依据及合规性：捷世智通（430330）

（一）审核问题

分析披露现有研发模式下研发项目研究阶段与开发阶段的界定标准是否符合《企业会计准则第 6 号——无形资产》及其应用指南有关研究阶段和开发阶段的规定，说明研发支出资本化会计政策是否遵循了正常研发活动及行业惯例。

（二）发行人回复

公司对研发模式下研发项目研究阶段和开发阶段的界定标准如下。

研究阶段：为获取并理解新的科学或技术知识等而进行的独创性的有计划调查、研究活动的阶段。

开发阶段：在进行商业性生产或使用前，将研究成果或其他知识应用于某项计划或设计，以生产出新的或具有实质性改进的材料、装置、产品等活动的阶段。

在实务中，公司将“通过项目立项”作为研究阶段和开发阶段的划分依据。研究阶段主要从事市场需求调研、技术竞争力分析、项目可行性研究以及项目技术路线、技术方案和人员的计划安排等；在项目完成前期技术研究后进行公司内部立项，通过公司内部立项后对研发项目进行实质性的开发工作。因此，公司在现有研发模式下研发项目的研究阶段和开发阶段的界定标准与《企业会计准则第 6 号——无形资产》及其应用指南有关研究阶段和开发阶段的规定相符。

项目以项目立项作为资本化起点，以项目结项作为资本化终点。本项目研发完成后，形成了“申威远程调用中间件软件 V1.0”“申威十六核处理器网卡驱动程序 V1.0”两项软件著作权，用于生产申威 1621 服务器及板卡产品或搭配申威 1621 芯片进行销售，主要应用于对计算性能、存储容量需求高的办公系统云桌面服务器、网络通信服务器、数据中心等领域，有效增强了公司的核心竞争力。在公司研发费用资本化的确认依据及核算制度方面，按照《企业会计准则》相关规定执行，与同行业可比公司不存在重大差异，遵循了正常研发活动及行业惯例。

（三）分析与结论

研发投入会影响企业利润，也是审核常见问题之一。本次反馈中，发行人对上述问题回复后，审核部门在后续反馈中，又针对研发投入归集准确性及资本化的依据充分性问题进行了询问，主要内容如下。

根据问询回复：报告期内发行人研发投入的构成主要为职工薪酬，但研发人员归集变动较大，存在其他岗位人员调为研发人员的情形。发行人将样机试制过程中发生的研发人员薪酬、研发用固定资产折旧等计入研发费用。报告期内发行人存在部分研发人员共用情形，主要为部分具有技术背景的董事、监事、高级管理人员，除履行公司日常“三会”管理工作外，仍主要从事客户产品的前期预研及定型工作。

请发行人说明研发投入归集准确性，研发人员共用及董事、监事、高级管理人员参与研发等情形下薪酬的分摊方法和依据，是否有非研发岗位人员工资薪酬列入研发费用的情形，是否存在将自行研发无形资产摊销计入研发费用的情形。说明研发支出资本化时点的确定标准，是否存在应计入其他成本、费用项目的支出计入研发投入的情形，研发支出的资本化依据是否独立充分。

2022 年 3 月，发行人终止了上市申请流程，暂未通过上市审核。

二十六、市场推广费显著高于同业平均水平的合理性：天济草堂(871129)

（一）审核问题

发行人市场推广费占收入的比率显著高于行业平均水平。保荐机构与申报会计师对董事、监事、高级管理人员及销售人员除工资、奖金、分红、差旅费报销等以外的交易金额在2万元以上的银行流水进行了核查；抽查市场推广费用中金额较大部分的相关资料，检查费用发票是否合理。

（二）发行人回复

保荐机构获取了上述232个银行账户的银行流水明细，并将上述银行流水中的交易对方名称与发行人报告期内的全部客户和供应商名称、主要客户和供应商的实际控制人、股东、董事、监事、高级管理人员和关键岗位人员进行了交叉核查，并对银行流水中的大额取现、大额收付情况进行了逐笔核查。

报告期内，发行人实际控制人翁小涛的个人银行账户存在向公司前高级管理人员李湘锋、董事王军忠个人银行账户转账的情形，累计转账金额超476.50万元，相关款项性质为个人借款。李湘锋已于报告期后归还翁小涛借款。对于前董事王军忠尚未归还借款的情况，保荐机构对王军忠进行了访谈，了解资金流水是否与公司有关，是否存在为天济草堂代付货款或者销售费用的情况，是否存在为天济草堂进行资金体外循环的行为；取得并查阅了相关借款协议；查阅了王军忠的银行流水，交叉对比是否与供应商、客户、推广服务商有资金往来；经核查，王军忠借款为归还朋友和亲戚借款、家庭开支、个人开支，与公司业务无关，与公司供应商、客户、推广服务商不存在资金往来。

相关当事人向翁小涛借款的原因均系个人资金需要。李湘锋借款用于自购住宅；王军忠借款用于归还朋友和亲戚借款、家庭开支、个人开支所需。其中，李湘锋已归还全部借款，王军忠已与翁小涛签订借款协议并约定还款时间，相关借款尚未到期。上述借款不涉及资金占用或代垫成本费用等情形，不存在利益输送、公司业务或资金的体外运行、销售回款由第三方代客户支付的情形。

（三）分析与结论

市场推广费过高可能引起商业贿赂、利益输送等情形，是审核关注的问题之一。发行人及中介机构回复后，审核部门在后续反馈问题中，又对大额市场推广费用支出的真实性、各区域市场推广商变动的合理性、销售人员大幅减少的合理性等问题进行了提问，主要内容如下。

请保荐机构及会计师回复上述事项的具体核查方式、核查过程、核查比例及核查意见，并结合同行业上市公司平均销售费用占比说明发行人销售费用及市场推广费占比较高的合理性。按客户类别、销售地域、产品类型分别说明对终端客户的具体走访情况及核查比例，市场推广活动是否实际召开，费用是否真实支付，是否存在重大异常。为保证资金流水核查的完整性采取的具体措施、对报告期内全部销售人员资金流水的具体核查情况、对资金流向的核查方式，是否存在异常。

2022 年 6 月，发行人终止了上市申请流程，暂未通过上市审核。

二十七、应收账款坏账计提充分性：科润智控(834062)

（一）审核问题

说明公司 2020 年和 2021 年 1—6 月应收账款的减值测试过程、计提 50%坏账准备是否充分。

（二）发行人回复

公司与中电南京自 2016 年开始合作，其最后一次采购公司产品的时间为 2019 年 9 月，并从 2020 年 1 月开始未再向公司支付货款，截至 2021 年 6 月 30 日，中电南京尚欠公司货款 201. 18 万元。中电南京已于 2020 年 7 月进入破产重整程序，重整范围为包括中电南京在内的八家公司（以下简称“中电八公司”），由于公司 2020 年和 2021 年 1—6 月财务报表对外报出时上述重整草案尚未得到债权人会议通过，公司在预计上述债权可收回金额时，基于中电八公司拥有的核心资产——中电电气产业园区的工业用地改变出让性质后进行处置的收益基本可以覆盖债权的考虑，但由于中电电气产业园区的工业用地能否改变出让性质仍存在不确定性，公司根据谨慎性原则，对 2020 年末和 2021 年 6 月末应收中电南京的款项按 50%的比例单独计提坏账准备。

由于公司对中电南京的债权属于普通债权，根据上述重整草案，公司预计能够获得的清偿金额仅为 16. 96 万元，远低于之前公司预计能够获得的受偿金额，因此在 2021 年 12 月 31 日，公司对应收中电南京的款项 201. 18 万元全额计提坏账准备。

（三）分析与结论

公司 2020 年末、2021 年 6 月末对中电南京按 50%计提坏账准备，主要系重整草案尚未通过，公司预计中电八公司拥有的核心资产处置的收益基本可以覆盖公司债权，按 50%的比例计提坏账准备；根据 2021 年末通过的重整草案，公司预计能够得到的清偿比例较低，因此公司于 2021 年末对中电南京的应收款项全额计提坏账准备。

2022 年 7 月，发行人在北交所成功上市。

二十八、应收恒大地产款项回款风险：壹创国际(839120)

（一）审核问题

分析 2021 年上半年净利润大幅下滑的原因；说明恒大地产坏账计提比例为 20%的合理性；说明恒大地产目前的经营情况是否会对发行人经营业绩和持续经营能力产生重大不利影响；发行人对恒大地产的坏账计提是否充分，如果补充计提，是否会导致发行人不符合北交所公开发行并上市的条件。

（二）发行人回复

2021 年上半年的主营业务收入为 10670. 35 万元，比上年同期增长

28.33%。2021年上半年公司净利润大幅下滑，一方面是2021年上半年确认股份支付费用为595.25万元；另一方面是2021年上半年恒大地产出现经营困难，公司于2021年6月末对恒大地产应收账款、应收商业承兑汇票进行单项计提坏账准备，计提后的坏账准备余额为1001.04万元，该部分应收账款、应收商业承兑汇票若按账龄组合计提坏账准备，坏账准备余额为594.47万元，与单项计提坏账准备相比相差406.57万元。剔除这两个因素影响，2021年上半年公司净利润为865.76万元，比上年同期上升13.48%。

2021年6月末，公司对恒大地产应收账款及应收商业承兑汇票余额为5005.19万元，如果按账龄进行计提，综合计提比例为11.88%，考虑到恒大地产信用风险增加，2021年6月末坏账准备计提比例为20%，除恒大地产外，均采用账龄组合计提，应收账款坏账准备计提金额为2286.55万元。2021年6月末，利用考虑前瞻性影响后的预期违约损失率计算出来的2021年6月末坏账准备金额为938.23万元，低于恒大地产按20%单项计提比例计算出来的应收账款坏账准备余额，公司应收账款坏账准备计提谨慎、合理。

2021年12月26日，恒大集团召开“复工复产保交楼”周例会，并表示恒大全国项目复工率已达91.70%，12月集团有115个项目计划交付。公司处于珠三角的恒大地产项目都已经基本复工、封顶。同时，公司已经暂停与恒大地产开展新项目合作，预计2021年与恒大地产的合作收入占公司营业收入的比例将进一步降低。目前，恒大地产的经营情况不会对公司未来经营业绩和持续经营能力产生重大不利影响。

参考同行业上市公司的估值情况，考虑到北交所上市股票的流动性，公司认为20~25倍市盈率的估值处于合理区间。根据公司2020年归属母公司股东的净利润（扣除非经常性损益前后孰低），预计公司发行后市值约为5.51亿~6.89亿元，满足“市值不低于2亿元”的条件。公司2020年度的净利润（扣除非经常性损益前后孰低）为2755.42万元，加权平均净资产收益率为31.71%。2021年度按40%比例单项计提恒大地产应收款项坏账准备后的净利润（扣除非经常性损益前后孰低）为 1800 万~1900 万元，预计加权平均净资产收益率为 12.11%~12.74%，满足“近两年净利润均不低于 1500 万元且加权平均净资产收益率平均不低于 8%”的条件。综上所述，如果补充计提，不会导致公司不符合北交所公开发行并上市的条件。

（三）分析与结论

审核问答涉及恒大地产款项减值计提是否充分，是否会导致发行人不符合北交所公开发行并上市条件的情况。发行人对此进行了详细回复，但审核部门在后续反馈问题中，又问到了该问题，主要内容如下。

根据申请材料及二轮反馈回复，2021 年 6 月 30 日，发行人对恒大地产应收款项账面余额合计为 5005.19 万元，按照 20%的比例单项对其计提减值；2021 年末，发行人对未以房抵债应收款项预计按照 40%的比例计提减值。

请发行人说明按房地产客户、政府及事业单位等客户类型列示报告期内营业收入及占比、应收账款余额及占比、毛利率及差异情况，进一步分析国内房地产宏观调控政策、融资政策等对发行人向房地产公司的销售及回款是否构成重大不利影响。2021 年 6 月末，发行人对恒大地产款项单项计提坏账比例与应收款项 1~2 年的坏账计提比例相一致，上述以单项计提比例是否具有合理性；发行人仅按照预期信用损失率、原坏账计提比例计算出的减值低于以按照 20%单项计提比例计算出的减值，以此来说明减值计提充分，是否具备合理性。结合应收恒大地产款项对应的具体客户名称、金额、账龄、实际经营情况、回款情况等，说明对恒大地产统一进行同一比例减值计提，未区分细分客户具体情况分别进行单项计提是否合理，是否存在大幅计提减值的风险。结合上述情况，进一步论证发行人对应收恒大地产减值计提的充分性。

截至 2022 年 3 月发行人终止上市申请时，暂未对上述问题进行回复。

二十九、业绩波动合理性：奥迪威(832491)

（一）审核问题

说明2021年1—6月公司传感器产能利用率大幅上升的原因及合理性，以及未来是否存在下滑的风险。下游产品是否存在较大商业化风险，从而导致募投项目产生重大不确定性。是否存在过度投入或扩产的情况，募投项目新增产能能否有效消化。

（二）发行人回复

公司根据瓶颈设备计算的理论设计产能，受生产节拍连续性、订单批次大小、设备有效运行时间、人员和物料供给等因素的影响。2021年，公司传感器产品的产能利用率达到82.52%，已达较高水平。报告期内，公司传感器产品的生产、销售、产能利用率逐年增长，且产销率较高，不存在产品大量滞销情况。

此外，公司对项目产品潜在客户需求及项目新增产能消化预期情况进行了数据统计分析，通过分析可以看出，公司现有产能利用率、产销率较高，潜在客户的预计产能需求可以基本覆盖募投项目的各年拟达产产能，公司具备消化募投项目新增产能的能力。

2021年1—6月，公司传感器产能利用率大幅上升，主要由于公司传感器产品销量上升，另外公司设立了重点产品安全库存，保障交付。报告期内，公司传感器产量、销量逐年增长，传感器产能利用率未来大幅下滑的风险较低。

发行人通过补充披露压触传感器、执行器技术研发完成时间，产品首次生产、销售、商业化应用时间，目前所处商业化阶段，压触传感器、执行器产品报告期内主要客户、应用的终端产品、具体使用场景、终端产品销售单价及销售推广情况，说明下游产品不存在较大的商业化风险，不存在导致募投项目产生重大不确定性的风险。

公司选取高性能超声波传感器产线升级及产能扩建项目作为募投项目，主要基于在汽车智能化趋势下，自动驾驶技术渗透率提升，感知层的超声波传感器等产品快速增长，超声波传感器在下游各领域的应用拓展较快和市场空间较大，募投项目的选取合理。公司根据新项目进展、潜在客户需求、产品拓展计划等预计未来产能需求与募投项目新增产能的情况，公司募投项目将分4年逐步实施，预计产能需求能够有效消化募投项目的新增产能，不存在过度投入或扩产的情况。

（三）分析与结论

发行人对业绩波动具有合理解释，切实不影响可持续盈利能力，不构成上市审核障碍。

2022年6月，发行人在北交所成功上市。

第六章

募集资金运用相关案例

在上市审核过程中，要求披露关于募集资金用途的说明，说明募投项目是否具有可行性。

对于有历次募集资金情况的，应了解发行人历次募集资金实际效益和预期的使用效益。历次募集资金未全部使用的，需核查其未使用的资金数额、占所募集资金总额的比例、未全部使用的原因。

对于本次募集资金的使用情况，调查发行人的现有主营业务、生产经营规模、财务状况、技术条件、管理能力、发展目标与募集资金投资项目是否匹配，是否存在盲目扩张。结合项目可行性研究报告、政府部门有关产业目录、产品市场容量及其变化情况等，分析本次募集资金项目是否符合法规政策，从技术和市场角度判断是否具有可行性。

募集资金用于扩大现有产品产能的，应对行业的发展趋势、有关产品的市场容量、投资项目的市场前景做出判断；募集资金用于研发投入、科技创新、新产品开发生产的，判断其是否会导致发行人的业务种类和业务模式发生变化，调查其必要性、合理性和可行性；募集资金用于向其他企业增资或收购股份的，结合被收购对象的资产质量和效益水平情况，分析相关业务是否与发行人业务发展目标相一致，判断发行人是否有能力管理、控制收购对象；募集资金拟用于合资经营或合作经营的，应了解合资或合作方的基本情况，如是否存在关联关系、投资规模及投资比例、合资或合作协议的主要条款以及可能对发行人不利的条款；募集资金拟用于收购资产的，应获得拟收购资产的财务报告、审计报告、资产评估报告及相关资料，调查拟收购资产的评估、定价情况，拟收购资产与发行人主营业务的关系。

结合发行人中长期发展战略，判断发行人是否已经建立清晰、明确、具体的发展战略，包括战略目标，实现战略目标的依据、步骤、方式、手段及各方面的行动计划。

结合发行人的经营理念、经营模式，分析发行人在管理、产品、人员、技术、市场、投融资、并购、国际化等方面是否制订了具体的计划，相关计划是否与发行人未来的发展目标相匹配，是否具备良好的可实现性。

以下就具体案例进行说明。

一、募投项目的可行性：灿能电力(870299)

（一）审核问题

说明募投项目拟新增业务与现有业务的关联度和协同性，募投项目体量与公司现有经营情况是否匹配，募投项目是否具备可行性，是否符合市场需求；以定性与定量相结合的方式分析本次募资总额的合理性以及未来开展电能质量监测治理综合产品生产项目的合理性及必要性。

（二）发行人回复

募投项目为电能质量监测治理综合产品生产项目，是公司根据市场需求，结合业务发展现状，推出的电能质量“监测+治理”一体化解决方案。通过本次募投项目的实施，公司将成为电能质量一体化解决方案的综合提供商，业务规模也将明显提升。

发行人结合行业准入门槛、企业规模、核心技术、生产工艺、资金流动性、产品质量、客户情况、在手订单及潜在订单等经营情况，说明了募投项目拟新增业务与现有业务的关联度和协同性。

在企业规模方面，电能质量治理产品行业市场规模大、较为分散，头部企业规模较大，业务多元化，但同时也有众多中小规模企业参与电能质量治理市场。公司本次募集资金的部分拟进入电能质量治理行业中企业用户侧市场，尽管公司目前业务规模不大，但采取差异化竞争的策略进入治理市场，聚焦于企业用户侧技术含量高的细分产品，结合行业中潜在竞争对手的情况，公司现有规模能够支撑产品链条向治理产品延伸。

在资金流动性方面，电能质量治理行业的上市公司的应收账款周转率普遍较低，回款速度相对较慢。电能质量治理业务对流动资金的需求比电能质量监测业务大，利用公司自有资金并结合此次募集资金，能够为电能质量治理业务的开展提供较好的资金支持。

在客户方面，公司募投项目拟新增的电能质量治理产品的客户群体与公司现有的客户群体存在重合，从某种程度上可以说是对现有客户的“二次开发”，公司电能质量监测产品的客户积累为公司开展电能质量治理业务奠定了扎实的客户基础。

关于募投项目体量与现有经营是否匹配的问题，募投项目依托公司现有土地、新建厂房及配套设施，以现有电能质量数据中心为基础，购置先进的软、硬件设备，引进高素质研发团队，结合5G、物联网等先进技术的应用，建设电能质量大数据平台。平台建设完成后，公司组建专项营销团队深挖企业用户侧市场，将公司历年来累积的6000多家企业终端客户逐步接入大数据平台。电能质量大数据平台采集各行业用户侧电能质量监测数据，面向用户提供专业电能质量测试服务，并提供电能质量监测、治理一体化的综合解决方案和产品。募投项目体量与公司现有经营情况相匹配，资本注入可以为公司更快打开企业侧电能质量治理市场。

另外，发行人结合公司货币资金、交易性金融资产、技术储备、客户数量、人员配置、相关业务规模、在手订单、产能消化预期等情况，分析了本次募集资金总额的合理性。在实现“双碳”目标的背景下，国家将大力发展新能源和储能产业，预计未来10年我国年均新增风、光发电装机容量不少于7500万千瓦。相应地，伴随可再生能源的发展，大量风电、光伏电力电子变换器将接入电网，电网呈现高比例可再生能源接入与高比例电力电子设备应用的“双高”特点。鉴于此，必须加速构建适应“双碳”目标要求的新型电力系统。新能源发电和电网公司高电压等级电能质量治理市场将迎来历史性发展机遇，且带来高电压等级电能质量治理产品市场需求的增长。因此，公司未来开展的电能质量综合产品扩产项目，具有合理性和必要性。

（三）分析与结论

募集资金用途与募投项目合理性是审核关注事项之一，发行人需通过对项目规划、市场容量、新增项目与现有规模匹配性、募集资金用途测算等方面的详细论证，说明募投项目具有合理性，不会对上市审核构成重大影响。

2022 年 6 月，发行人在北交所成功上市。

二、募投项目的合理性与必要性：水治理（831511）

（一）审核问题

补充披露将募集资金用于偿还银行贷款、补充流动资金的必要性、合理性；募集资金置换安排的详细情形，前期投入金额如何有效确定，置换相关安排是否合理。

（二）发行人回复

发行人虽然存在购买理财产品、大额现金分红的情形，但仍使用募集资金偿还银行贷款、补充流动资金具有合理性和必要性。报告期内，公司存在购买理财产品的情形，但购买的理财产品多为投资期限较短产品或实时赎回产品，是公司在确保不影响正常经营的前提下，为提高资金使用效率而使用临时闲置资金购买部分安全性高、流动性好的短期理财产品。报告期内，公司进行了 3 次利润分配，公司未分配利润为 10268.22 万元，金额较高，可见公司并不存在过度利润分配的情形。公司作为一家公众公司，既有回报投资者的义务，亦有不断扩大生产经营规模、提升企业价值的良好愿景。公司在保障运营的情况下，可以对分红、融资等资本运作的相关需求进行平衡，恰当地通过股权、债权等多种形式筹集生产经营及发展所需要的资金，促进企业发展，提升企业价值。

截至 2021 年 12 月 31 日，公司资产负债率（合并）相对较高，超过 50%，可支配自由资金为 3460.09 万元，未能满足公司未来 3 年的资金缺口。因此，公司未来对资金需求较大，本次使用募集资金 6000.00 万元补充流动资金有利于缓解公司日常生产经营面临的资金压力，保证公司未来的经营需要。通过本次发行募集资金补充流动资金，将在一定程度上降低公司的流动资金压力，提高公司的偿债能力，增强公司的盈利能力。公司未来 3 年（2022—2024 年）的资金缺口合计约为 7668.23 万元。公司本次募集资金补充流动资金具有必要性和合理性，与发行人现有经营规模、财务状况、技术水平、管理能力和发展目标等相适应。

发行人针对募集资金的用途，设置了前置条件及决策程序，以确保投资项目具有较好的市场前景，提高募集资金使用效益。公司募集资金应严格按照发行文件中所列用途使用。公司募集资金用途发生变更的，必须经董事会、股东大会审议并披露，独立董事和保荐机构应当发表明确同意意见并披露。发行人仅改变募集资金投资项目实施地点的，可免于提交股东大会审议。公司变更用途后的募集资金原则上应当投资于主营业务及相关业务。

（三）分析与结论

募投项目与募集资金用途的合理性是审核重点关注的问题，发行人及中介机构核查回复后，审核部门在后续反馈问题中，又针对募投项目的合理性与必要性进行了询问，主要内容如下。

根据申请文件，本次发行拟募集资金为 16000 万元。其中，10000 万元拟用于偿还银行贷款，6000 万元拟用于补充流动资金。公司账面货币资金为 6476.62 万元，报告期内累计现金分红为 4050 万元，存在购买理财产品的情形。

请发行人结合前述情况以及报告期内现金分红、购买理财产品的具体情况等，详细分析说明将募集资金用于偿还银行贷款、补充流动资金的必要性、合理性，募集资金数额是否与发行人现有经营规模、财务状况、技术水平、发展规划、管理能力、期后新增订单或项目、下游市场需求变动趋势等相适应，是否存在募集资金闲置或变更募集资金用途的风险。

2022 年 7 月，发行人终止了上市申请流程，暂未通过上市审核。

三、募投项目的投资风险：优炫软件（430208）

（一）审核问题

说明产业园用地是否存在被收回及赔偿违约金的风险；产业园投资建设的合作方式及履行程序的合规性；募投项目是否符合市场需求，能否有效开拓市场，是否具备可行性。

（二）发行人回复

发行人全资子公司优炫武汉获得 2080 万元政府补贴，为当地政府根据当地招商引资政策对发行人的经营活动给予的补贴，该补贴不涉及退回条件或要求，因此不存在被收回或需退回的风险。

发行人全资子公司优炫武汉获得 1503 万元政府补贴，为当地政府根据相关政策对发行人配建员工宿舍楼进行的补贴，根据协议已达到前述补贴款相关发放条件和要求，但由于员工宿舍楼尚未建成，因此补贴金额尚未确定，发行人将该笔资金列为受限资金，放入监管账户中，尚未开始摊销。在极端情况下，如果发行人无法建成员工宿舍楼，则上述补贴存在被收回或需退回的风险，但鉴于该笔补贴被发行人列为受限资产，不进行使用，因此对发行人的经营不构成影响。

发行人购买土地、设立子公司、进行相关产业园区建设等重大经营行为已按照相关法律规定及公司章程履行审议程序，不存在侵犯其他股东利益的情形；按照相关法律规定及公司章程的规定，与世联行签署框架协议无须履行审议程序，不存在侵犯其他股东利益的情形。

在发行人与世联行签署的框架协议中，保障世联行财务投资回报率等相关条款不属于对赌；后续拟引入投资的进度安排、未针对世联行未足额提供资金的违约责任进行约定；存在无法达到土地出让合同要求投资金额而违约的风险，发行人已经做了相应的重大事项提示和风险提示。

根据发行人报告期内的合同数量及金额，以及目前成都及武汉地区的在手订单数量分析，发行人在成都及武汉地区的业务规模持续扩大；武汉、成都地理位置优越，人才资源较为集中，生活水平相对适中，是发行人下一步战略发展的重要基地，而目前租赁的办公场所、生产经营场地已不能满足长期持续发展的需要，因此本次募投项目增加固定资产投资与发行人现有经营情况相匹配，也符合发行人中长期发展战略需求；发行人募投项目构建自有办公场所有利于降低经营风险，巩固与提升市场核心竞争力。

（三）分析与结论

发行人及相关子公司已达到前述补贴款相关发放条件和要求，其中2080万元补贴不存在被收回或需退回的风险，1503万元补贴款存在被收回或需退回的风险；发行人武汉产业园预期无法如期按照约定履行土地出让合同项下的完工义务，存在缴纳违约金的风险；发行人成都产业园预期可以在合同约定的时间内完成主体结构建设，不存在闲置土地被收回的风险，但存在不予退还质保金的风险。

审核后续反馈中，进一步对此进行了询问，问题内容如下。

请发行人补充说明武汉、成都产业园建设的商业合理性及相关投资风险是否披露充分；如发行人未按照合同约定履行产业园建设相关业务，是否会对公司经营和业绩造成重大不利影响；募投项目拟新增固定资产与公司现有经营情况是否匹配，募投项目经济收益的测算是否合理，募投项目是否符合市场需求，是否具备可行性，发行人是否具备有效开拓市场的能力；募投项目与其他产业园建设项目（如合作共建云数据处理中心）能否有效区分，募投项目用地可能被收回的风险是否揭示充分，如募投项目用地被收回，发行人针对募投项目实施所采取及拟采取的应对措施；发行人有关募集资金管理的内部制度是否完善，发行人是否已针对募投项目与控股股东、实际控制人及园区自身经营风险建立相应的风险隔离机制，相关隔离机制是否健全，运行是否有效。

请保荐机构、律师及会计师说明，对发行人武汉、成都产业园建设商业合理性的核查程序、方法是否充分，对发行人建设进度规划及应对措施的核查结论是否具备足够的客观依据；对发行人关于能否如期按照约定履行土地出让合同项下的义务及应对措施的合理性发表明确意见。

截至2022年7月发行人终止上市申请时，暂未对上述问题进行回复。

四、募投项目的产能消化：奥迪威(832491)

（一）审核问题

说明报告期内测距传感器收入变动与行业走势是否一致，分析2019年、2020年对同致电子、豪恩汽车销售产品毛利率大幅下降甚至为负的原因，说明新增募投项目是否会对产品毛利率产生重大不利影响。

（二）发行人回复

发行人结合乘用车产销量、主要客户经营业绩、客户订单周期及存货水平、各期在手订单量及转化周期，说明报告期内测距传感器收入持续增长的趋势与行业走势较为一致。

发行人补充披露了报告期内测距传感器、流量传感器、压触传感器及其他细分主要产品类型的销售金额及占比、毛利率、毛利贡献率，分析了各期收入、毛利率变动的具体原因；公司2019年、2020年对同致电子、豪恩汽车的销售毛利率较2018年下降主要是在乘用车市场不景气情况下的协商降价，以及产销量下降，新厂区的房产、设备转固等导致的单位成本上升。

发行人通过分析新建厂房、新增固定资产投入使用对传感器单位成本和毛利率的影响，说明新增募投项目对产品毛利率不会产生重大不利影响。虽然新增募投项目建设投资的场地装修费、设备购置及安装费提高了公司生产成本中制造费用的总额，但新增募投项目对原有生产技术工艺进行了改进，能提高原材料的利用率，并提升产品的生产速度，实现降本增效的目标，有利于降低人工成本及质量损耗成本。

（三）分析与结论

募集资金用途与募投项目产能相匹配，潜在客户和订单需求应当能够覆盖募投项目新增产能，不存在过度投入或扩产的情况，新增产能能够有效被消化。

2022 年 6 月，发行人在北交所成功上市。

五、募投项目与市场需求匹配性：高德信（832645）

（一）审核问题

说明在项目实施区域内宽带接入业务的需求量缺口和对应的市场空间，是否存在市场空间不足的风险。

（二）发行人回复

由于历史原因，广东省形成了众多人口密度大、流动性强的城中村，经改造后一般形成综合性社区。公司本次募投项目选定的社区已存在部分其他运营商的光纤网络，但目前均未实现全光纤网络覆盖，光纤入户率低。同时，这些社区还广泛存在历史上形成的混乱无序、私拉乱扯的传统网线，这些网线质量差、传输慢、形象差，且存在安全隐患。为此，社区政府及主管部门均希望尽快启动光纤改造，提高光纤入户率，以达成社区的全光纤网络覆盖，淘汰普遍存在的私网宽带经营者，规范电信市场发展。基于上述背景，公司决心通过投资建设自有光纤网络，进入所在社区开展家庭宽带业务经营。

募投项目所在区域的市场对各运营商的业务机会均等，大家发挥各自优势公平竞争。公司根据自身资源和实力，在家庭宽带业务初期发展阶段选择人口流动性强、聚集密度大、价格敏感的综合性社区作为发展重点。随着公司社区网络覆盖范围逐步扩大，用户人数不断增加，公司宽带品牌的影响力也在不断增强。因此，公司家庭宽带业务不存在市场空间不足的风险。

（三）分析与结论

发行人对募投项目合理性及市场需求进行回复后，审核部门认为新增光纤建设与市场需求解释不充分，因而在后续反馈中，进一步对该问题进行了反馈，主要内容如下。

未说明新增建设光纤与光纤覆盖区域实际需求的匹配性。请发行人说明新铺设光纤的数量、长度、资产价值与新建机房等设备的数量、资产价值的匹配性；说明新建光纤覆盖区域的主要宽带接入服务商的服务内容及定价情况，发行人的服务内容及定价与区域内已有服务商相比是否存在优势，并结合上述情况说明发行人在新建光纤覆盖区域内是否具备竞争力，是否具备足够市场需求；结合发行人当前铺设光纤社区内的宽带接入服务户数与铺设光纤数量、长度及资产价值的配比情况，宽带接入服务户数与区域内总户数的占比情况，分析说明目前新建光纤覆盖社区的潜在客户数量，说明运营收入及成本估算的对应收入、成本及毛利情况是否合理。

募集资金用于补充流动资金核算的准确性。根据问询回复，发行人综合考虑专线组网业务快速发展态势及募投项目实施后综合性社区家庭宽带接入业务预计保持稳步增长等因素，对公司 2021 年至 2023 年营业收入进行估算。请发行人说明营业收入估算的具体过程，并结合 2021 年营业收入的具体情况进一步说明补充流动资金核算的准确性。

2022 年 4 月，发行人终止了上市申请流程，暂未通过上市审核。

六、募投项目实施用地是否存在重大不确定性：恒进感应（838670）

（一）审核问题

根据招股说明书，感应热处理设备制造项目（一期）的项目用地由公司采取先租后购的方式进行运营，说明是否存在无法取得用地的风险和替代措施。

（二）发行人回复

本项目位于湖北省十堰市郧阳区高新区秦巴片区扶贫产业示范园，项目涉及的土地所有权属于十堰城北投资开发有限公司，土地性质为国有出让用地，土地用途为工业用地。按照公司与郧阳区人民政府签署的《感应热处理设备制造项目协议书》，项目的厂房和办公楼由政府垫资代建，交付 3 年后再由公司整体购回厂房、办公楼和土地等资产。

作为招商引资项目，十堰市郧阳区人民政府为吸引先进制造企业进行投资，制定并颁布了一系列招商引资优惠政策。基于此，为解决发行人本次募投项目的用地需求，同时避免发行人因当下一次性支付大笔资金购地所面临的资金压力，经十堰市郧阳区人民政府与发行人协商，特制定本次募投项目用地及厂房等相关资产“先租后购”的优惠政策。即由十堰市郧阳区人民政府先垫资进行建设，发行人采取先租后购的方式先运营并最终购买，双方就此签订了《感应热处理设备制造项目协议书》。

截至本问询回复出具日，上述工厂及附属设施的建设工作已基本完成，正在办理验收手续，预计于 2022 年 3 月底完成全部验收工作并正式交付发行人。本次公开发行募集资金到位后，发行人将启动整体回购项目所属土地、厂房及办公楼等资产的工作，具体回购工作届时由政府部门与发行人共同协商确定。

上述厂房建设工作将完全按照发行人提供的建设方案及生产工艺需求进行施工，厂房及厂区内各项设施均系专门为发行人设计建造，故发行人未来无法取得该募投项目用地及厂房等相关资产的风险相对较小。如未来出现项目协议之外的难以预计的原因，导致公司未能如期取得约定厂区建筑物、构筑物及土地，郧阳区人民政府将为公司协调其他符合规划的土地用以代替目标用地，推进项目生产顺利进行。

（三）分析与结论

发行人本次募投项目涉及的土地、厂房、房屋建筑物符合相关土地政策、城市规划要求。发行人无法取得本次募投项目用地及厂房的风险相对较小，已采取了相关措施确保本次募投项目的正常运行。

2022 年 7 月，发行人在北交所成功上市。

七、募集资金使用合理性：天济草堂(871129)

（一）审核问题

补充披露研发中心建设项目的试验研究费、设备购置费、建筑装修改造费、软件购置费明细，分析说明预算是否具有合理性。说明营销网络信息化的具体安排和实现路径，无软件研究开发费用的合理性。

（二）发行人回复

中介机构通过访谈公司管理人员、查阅公司募集资金可行性研究报告、查询公司以往研发规划和预算后认为：公司研发中心建设项目根据募投研发项目研发进展、研发各阶段资金需求确定试验研究费用预算；根据研发课题及公司发展需求确定设备购置数量，参考设备市场价格，确定设备购置费用预算；按照市场平均水平测算建筑装修改造费用预算；参考构建研发综合管理平台和实验室数据管理中心所需软件市场价格确定软件购置费预算。综上所述，公司研发中心建设项目预算合理。

公司营销网络信息化建设项目以各区域营销团队为基础，募集资金到位后各区域同步开展。其中，营销网络模块主要在全国多个城市通过租赁建筑、购置软硬件设备及派驻服务营销团队进行本次项目建设。公司未有开发软件过往经验，信息化模块主要包括购置建设办公管理平台、客户管理平台、商务智能平台等，软硬件及系统都是通过购置方式完成本项目，相关软件均为标准化软件，相关软件产品成熟，不存在开发风险。因此，公司无软件研究开发费用具有合理性。

（三）分析与结论

发行人及中介机构做出回复后，审核部门在后续反馈问题中，继续对募投项目的必要性及可行性进行了提问，主要内容如下。

请发行人结合在手研发或生产设备名称、用途、数量，研发课题所涉研发或生产设备需求测算，分析说明采购大量设备的合理性，公司首轮问询回复中关于研发能力等的表述“公司研发设备种类齐全、数量充足，包括气相色谱—质谱联用仪等，公司研发设备功能及设备数量均能满足在研品种研发需求”是否谨慎、客观；结合化药研发经验及历史研发成果，进一步论证研发中心建设项目的合理性与可行性；结合 22 个城市办事处的主要工作内容、业务开展情况、人员安排等，进一步论证营销网络信息化建设的必要性及项目预算的合理性；补充披露募投项目新增折旧、摊销及研发投入对发行人业绩的影响，是否会导致发行人业绩持续下滑，说明测算过程与依据。

2022 年 6 月，发行人终止了上市申请流程，暂未通过上市审核。

八、新增产能的消化能力，募集资金合理性：派特尔（836871）

（一）审核问题

本次拟募集资金达 9454. 57 万元，其中 4657. 06 万元投向生产基地扩建项目，1997.51 万元用于研发中心项目建设，2800.00 万元用于补充流动资金。新增产能是否可以有效消化，确认研发中心项目建设的可行性，新增固定资产与研发费用和发行人生产经营规模是否匹配，补充营运资金的合理性。

（二）发行人回复

从公司主要产品来看，受益于订单需求的快速增长，报告期内公司树脂软管及总成、尼龙软管及总成、橡胶软管组合件等产品的产量均呈现持续增长态势，产能不足成为制约公司产品生产规模进一步扩大的重要因素，公司急需扩大产能来支撑可持续发展。公司主要客户关系稳定且持续，同时公司不断开拓新客户，从而保障订单的持续获取，消化募投项目产生的新增产能。

研发中心建设项目拟通过新研发设备、高端实验原材料以及技术人才的投入，研发出符合市场需求的新产品。项目建成后，公司将进一步完善研发中心职能，继续关注下游企业动态，紧跟市场需求，提升公司在塑料管材及高分子新材料领域的综合竞争力。

研发中心建设项目建成后，每年产生的研发材料费用占比平均为56.60%，略低于报告期内研发材料费用占总体研发费用的比例，主要是因为研发中心建设项目涉及一次性较多的设备及装修投入，两年设备与装修摊销占建设项目研发费用的比例平均为7.93%，而报告期折旧与摊销占研发费用的比例平均仅为1.11%。排除这一因素，研发中心建设项目建设期的研发材料费用占研发费用的比例与报告期对应指标基本一致，研发材料费用规模符合发行人的研发实际。

公司综合考虑了行业发展趋势、自身经营特点、业务发展规划以及财务状况等因素，拟使用募集资金 2800.00 万元用于补充公司流动资金，对流动资金需求的测算依据具有合理性。

经会计师核查认为，本次募投项目固定资产规模与公司发展相匹配，项目完工后每期新增的折旧金额对产品单位成本及经营业绩影响较小，发行人已就前述具体事项做了详细重大事项提示，并补充披露了补充流动资金测算的依据，补充流动资金总额未超过预测的流动资金需求，具有合理性。

（三）分析与结论

募集资金用途与募投项目合理性是审核关注事项之一，本案例中，发行人从对募投项目的规划安排、产能消化情况、与公司发展规模匹配性、研发费用与实际匹配性、流动性资金测算等方面说明募投项目具有合理性，不会对上市审核构成重大影响。

2022 年 7 月，发行人在北交所成功上市。

九、募集资金投向是否发生实质变化：荣亿精密（873223）

（一）审核问题

说明募集资金投向前后不一致的原因，是否发生实质变化。

（二）发行人回复

公司董事会审议通过《关于修订募投项目名称》的议案，同意将募投项目中的“年产 3 亿件高端精密航天、医疗零部件建设项目”名称变更为“年产 3 亿件精密零部件智能工厂建设项目”，土建工程、设备购置等募投项目建设的具体内容不变。公司召开临时股东会，进一步明确“年产 3 亿件精密零部件智能工厂建设项目”的产品方向为 3C、新能源汽车、高端制造、航空、医疗等领域精密金属零部件。

该项目已在海盐县发展和改革局完成了募投项目名称与产品具体应用方向的变更登记，项目代码和建设内容未进行变更。根据对海盐县生态环境局的访谈，因发行人不存在生产工艺等变化，因此不需要重新报批环评事宜，也不用其他批复或备案，其环保验收不受影响。

发行人对募投项目名称进行了变更，但项目的建设规模、土建工程、设备购置等具体内容保持不变，实施主体、实施方式均未发生变化，不存在取消或者终止原募集资金项目、实施新项目的情况。发行人仅根据下游需求明确了募投项目生产的精密金属零部件的具体应用方向，前述调整不属于实质性变化，也不属于《北京证券交易所股票上市规则（试行）》规定的募集资金用途变更。

发行人为更准确地反映募投项目的产品方向，根据市场变化情况变更了募投项目名称，募投项目未发生实质变化，不属于变更募集资金用途的情形。发行人履行了董事会、监事会、股东大会审核程序，完成了项目备案变更登记，认真更新了招股说明书等申请文件，保证信息披露准确、完整，不存在误导性。

（三）分析与结论

募投项目名称前后不一致的原因系发行人根据市场变化情况，进一步明确了产品方向，募集资金投向未发生实质变化，不属于变更募集资金用途的情形。

2022 年 6 月，发行人在北交所成功上市。

十、发行底价的确定及其合理性：捷世智通(430330)

（一）审核问题

根据申请文件及其他公开信息，本次发行底价为 4.5 元/股。请发行人在申请文件中补充披露发行底价，说明发行底价的确定依据、合理性、与停牌前交易价格的关系；现有股价稳定预案能否切实有效发挥稳定作用。说明现有发行规模、底价、稳价措施和未适用超额配售选择权等事项对本次公开发行股票并上市是否存在不利影响。

（二）发行人回复

公司于 2021 年 8 月 28 日召开 2021 年第三次临时股东大会，审议并通过了《关于公司申请股票向不特定合格投资者公开发行并在精选层挂牌的议案》，确定发行底价为 4. 5 元/股。2022 年 1 月 21 日，公司召开第三届董事会第十八次会议，审议通过了《关于调整公司申请公开发行股票并在北交所上市的发行底价的议案》，将发行底价调整为 6. 8 元/股。本次发行底价主要依据发行人归属于母公司所有者的净利润、发行人股票近期交易价格、同行业可比公司市盈率等因素合理确定，发行人按照发行底价计算的发行后市盈率低于同行业可比公司市盈率的平均值，具有合理性。

停牌前一个交易日，发行人股票收盘价格为 9. 18 元/股；停牌前 20 个交易日，发行人股票均价为 8. 13 元/股（根据 Wind 统计的 2021 年 9 月 14 日至 2021 年 10 月 20 日的交易总额/交易数量计算）。公司本次发行底价为 6. 80 元/股，低于停牌前一个交易日的收盘价，低于停牌前 20 个交易日的成交均价，相对折价率平均为 83. 64%。

当公司股票收盘价触发稳定股价措施的启动条件时，公司按如下优先顺序采取部分或全部股价稳定措施，直至触发稳定股价预案的条件消除：公司控股股东、实际控制人增持股票；董事（独立董事、未领取薪酬董事、控股股东、实际控制人除外）、高级管理人员增持股票；公司回购股票。公司股东大会对回购股票做出决议，须经出席会议的 2/3 以上持有表决权的股东通过，公司控股股东、实际控制人承诺就该回购股票事宜在股东大会中投赞成票。

发行人具有较高的投资价值，发行人根据未来发展需求确定了本次发行规模，依据发行人归属于母公司所有者的净利润、发行人股票近期交易价格、同行业可比公司市盈率等因素确定了本次发行底价，制定的稳定股价措施预案为股价稳定提供了有效保障。同时，发行人已在发行方案中披露了超额配售选择权。因此，发行人现有发行规模、底价、稳价措施和超额配售选择权等事项对本次公开发行股票并上市不存在不利影响。

（三）分析与结论

发行底价对募集发行具有较大影响，发行人对上述问题回复后，审核部门在后续反馈问题中，又针对调整发行底价对本次发行的影响问题进行了询问，主要内容如下。

根据问询回复，2022 年 1 月 21 日，公司召开第三届董事会第十八次会议，将本次发行底价由 4.5 元/股调整为 6.8 元/股，未召开股东大会审议上述事项。

请发行人结合与同行业可比公司发行市盈率的比较情况，说明调整发行底价的依据、合理性；并结合企业投资价值，综合分析说明现有发行规模、底价等事项对本次公开发行股票并上市是否存在不利影响，是否存在发行失败的风险；说明发行人调整发行底价内部决策程序是否符合法律法规、公司规章的相关规定。

2022 年 3 月，发行人终止了上市申请流程，暂未通过上市审核。

十一、发行底价与稳价措施：惠丰钻石（839725）

（一）审核问题

请结合市盈率等说明发行底价的确定依据、合理性，以及底价与停牌前交易价的关系，对本次公开发行股票并上市是否存在不利影响。

（二）发行人回复

2021 年度，公司归属于母公司所有者的扣除非经常性损益后的净利润为 4820.55 万元，公司现有股本为 3350.00 万股，本次拟公开发行不超过 1100.00 万股，发行底价对应的发行后市盈率为 26.01 倍；在全额行使本次股票发行的超额配售选择权的情况下，本次拟公开发行不超过 1265.00 万股，发行底价对应的发行后市盈率为 26.98 倍。本次公开发行底价的确定是综合考虑了发行人在二级市场的交易价格、所处行业市盈率、可比公司市盈率、每股净资产、经营情况等多种因素而确定。发行人于 2022 年 1 月召开了董事会和临时股东大会，审议通过了《关于公司申请公开发行股票并在北京证券交易所上市的议案》，确定本次公开发行股票的发行底价为 28.18 元/股。

董事会及股东大会决议披露了前二级市场交易价格均高于本次发行的底价。另外，从市盈率来看，A 股共有非金属矿物制品业上市公司 111 家，行业平均扣非市盈率（动态市盈率）为 34.49，平均扣非市盈率（静态市盈率）为 36.06，均高于本次发行底价对应的发行后市盈率。故本次发行决定以 28.18 元/股为底价公开发行，具有合理性。

公司已按照相关法律法规的规定制定了稳定股价预案，明确了触发稳定股价预案的条件、稳定股价的具体措施及实施程序。公司、控股股东、实际控制人、董事（独立董事除外）及高级管理人员已出具关于上市后三年内稳定公司股价的承诺函，明确了约束措施。公司稳定股价预案内容完整明确、针对性和可执行性较强，有助于维护公司本次向不特定合格投资者公开发行股票并在北交所上市后股价的稳定，保护投资者的利益。因此，现有股价稳定预案能够切实有效发挥稳定作用。

公司具有投资价值，现有发行规模适当，发行底价具有合理性，股价稳定预案具有可行性，有利于公司未来的发行和股价稳定，不会对公司本次公开发行并在北交所上市产生不利影响。

（三）分析与结论

发行人结合公司在现有二级市场的交易价格、所处行业市盈率、可比公司市盈率、每股净资产、经营情况等多种因素，分析论述发行底价具有合理性；并设置了在北交所上市后三年内的稳定股价预案及相关承诺约束措施，符合北交所的规定。

2022 年 7 月，发行人在北交所成功上市。

第七章

其他相关案例

除前述章节已涉及的股权、财务、公司治理等方面，上市审核关注的重点问题还包括其他审核要点，也是上市反馈中常见的问题。

关于投资者保护，了解发行人是否存在红筹架构、特别表决权架构、协议控制架构或类似特殊安排，是否存在可能导致投资者权益保护方面的风险。

关于信息披露，了解发行人是否建立健全了信息披露制度，相关人员是否了解信息披露规定，是否建立并执行投资者关系维护制度。

关于重大合同，了解合同条款是否合法有效或存在潜在风险，合同订立是否履行了内部审批程序，合同履行有无违约的风险。

关于担保，了解发行人对外担保履行程序的完备性及合规性，是否存在重大偿债风险及主要资产的重大权属纠纷。

关于合法合规性，核查发行人在工商、税务、海关、土地管理、环保、应急管理、人社、司法、银行等方面是否存在违法违规行为，是否存在重大诉讼，董事、监事、高级管理人员和核心技术人员最近三年是否存在违法违规行为。

关于北交所板块相符性，结合发行人所处行业领域、主营业务构成、业务模式、核心技术、主要资产、人员构成以及主要财务指标等情况，确定板块适配性，判断发行人是否符合拟申报的板块定位和要求。

关于创新性，发行人应当以投资者需求为导向，结合所属行业的特点和发展趋势，充分披露自身的创新特征。

以下就具体案例进行说明。

一、是否符合北交所创新型中小企业的定位：路斯股份（832419）

（一）审核问题

请发行人结合自身所处行业、核心技术工艺体现、研发投入、高新技术企业资质等方面，进一步分析论证是否符合北交所支持创新型中小企业的定位。

（二）发行人回复

公司所属宠物食品行业，不属于国家产业政策明确限制行业的企业，不属于危害国家安全、公共安全、生态安全、生产安全、公众健康安全的企业，亦不属于《北京证券交易所向不特定合格投资者公开发行股票并上市业务规则适用指引第 1 号》规定的限制类行业的企业。

公司聚焦于宠物食品的创新研发、先进制造，深入贯彻创新驱动战略促进高质量发展，专注于细分市场领域，坚持“专精特新”的发展道路；消费升级促进养宠人士对宠物食品的消费需求增长，宠物食品行业具备较大的市场空间和成长性，且良好的创新氛围有利于发挥公司的创新优势，有利于公司的未来发展。公司重视研发，形成了完善高效的研发体系，具备了持续创新能力，核心技术和生产工艺具备先进性，在下游行业中具有一定的影响力；公司不断丰富产品类型和应用场景，以应对市场需求的快速变化；同时上述竞争优势有效保障了公司的客户拓展能力，也为公司高质量发展奠定了基础。

公司在未来的发展道路上，将深入贯彻《中国制造 2025》等文件精神，坚持“专精特新”的发展道路，专注于细分市场领域，持续提高创新能力和产品技术含量，丰富产品类型和应用场景，以期不断提升公司的整体创新能力。同时，消费升级促进养宠人士对宠物食品的消费增长，有利于发挥公司的创新优势，有利于公司未来发展。

（三）分析与结论

发行人对其“创新”特征进行了充分的说明，符合《北京证券交易所股票上市规则（试行）》等关于北交所支持创新型中小企业的定位要求。

2022 年 3 月，发行人在北交所成功上市。

二、补充披露创新性特征：优机股份（833943）

（一）审核问题

结合行业特点、经营特点、产品用途、业务模式、市场竞争力、技术创新或模式创新、研发投入与科技成果转化等情况，在招股说明书中充分披露发行人自身的创新特征。

（二）发行人回复

公司创新特征主要体现在以下四个方面。

模式创新。通过“自主生产+协同制造”柔性制造模式，突破产能限制，构建起“材料+零件+设备”的垂直工业零部件生产体系，满足不同领域客户的多样化需求。公司主导并深度参与从客户洽谈至销售实现的各个环节，以强大的供应链管理能力和创新性过程控制方式保证各类产品的高品质及稳定性。以“先进制造”和“深度服务”为内在驱动，形成了超万种型号的机械零部件产品技术库，通过快速反应和定制开发为客户提供一站式采购服务体验。公司深度参与并主导整个生产制造过程，对协同制造商的生产加工进行全流程控制、技术指导，形成了同时服务于不同终端领域客户的个性化批量生产需求的协同制造模式。

技术创新。发行人一直以国家重大装备迫切需求为研发目标，以期通过技术创新实现高端装备的国产化和进口替代。发行人的主要产品与行业内公司同类产品相比，处于各项性能参数相当甚至个别性能参数更好的水平。凭借灵活的制造模式、过硬的技术实力和良好的产品质量，发行人在细分市场具备竞争优势。

产品创新。公司掌握了机械工业材料、产品与工艺等通用核心技术，以共有技术的延伸开发以及对国内外标准的熟练转化为基础，快速灵活应对新行业客户的新需求，为其提供技术和产品的解决方案。2018 年至今，公司陆续开发了海上风电浮基支撑连接件、嵌入式调节器、蒸汽安全泄压阀、太阳能电池板支撑调节用油缸、胶接工装、深腔拉伸模、注射模等新产品，服务领域扩展至风电、光伏、航空工装行业。

管理创新。协同制造模式的特点在于“充分信息共享、全流程管理、全面质量控制和技术指导”，这要求公司打破传统管理模式，实现管理创新。公司实现了精准化、流程化和可追溯式管理，为客户提供产品信息服务的同时加快整体业务的数字化转型；公司将协同制造商的基本情况、机器设备参数、加工环境、生产能力、团队配置、经营资质等信息存储于集成化管理信息（ERP）系统中，形成供应商画像，能够快速帮助公司在订单执行中选择适宜的协同制造商。

（三）分析与结论

发行人从模式创新、技术创新、产品创新和管理创新等角度对创新性特征进行了充分的阐释，符合创新性要求。

2022 年 6 月，发行人在北交所成功上市。

三、创新特征体现不清晰：杭州路桥（870892）

（一）审核问题

报告期各期发行人无研发投入，以道路和桥梁等市政设施的日常巡查与养护为核心功能，打造了“智慧养护平台”，该平台是否仅作为中后台管理系统支撑前台业务的开展，是否属于核心技术的范畴。发行人如何实现传统产业的转型升级。

（二）发行人回复

“智慧养护平台”是发行人基于自身在市政养护行业的丰富经验，以道路和桥梁等市政设施的日常巡查与养护为核心功能，采用先进的技术架构，将线下的作业流程线上化而打造的信息化智能平台。该平台除了为发行人养护作业提供精细化、标准化的管控外，还通过智能模块从多维度进行数据分析，为设施的管理者提供决策依据和预警提醒等，系发行人服务体系的重要组成部分。

另外，“智慧养护平台”经过多年的系统开发及持续运营，积淀了各养护项目的运营数据，形成数据资产。目前，系统中已具备 7585 个设施及构件的信息化数据，已建立 157 万条病害数据、维修数据、巡查数据等，形成较完备的设施基础数据库，为后续开发大数据应用奠定了基础。

因此，“智慧养护平台”是发行人“智慧养护模式”的实施基础，不是仅作为中后台管理系统支撑前台业务的。

发行人“智慧养护平台”未来的研发重点是继续向养护机械设备智能化、设施管控无人化、大型市政设施养护作业人工智能化等方面发力，进一步解放市政养护企业的生产力，彻底改变传统养护行业劳动密集型的格局。在“智慧养护模式”推广过程中，杭州路桥除了继续加大研发投入、提升核心技术能力、加快“智慧养护平台”的深度开发外，还需要投入较多的信息化设备、基础数据感知设备、检测设备以及养护专用设备等。以“智慧养护”为基础，聚焦信息化、智能网联、智慧城市业务领域，不断集成城市管理相关信息，实现更多智慧感知、智能化设备及无人化管控，引领市政设施管养行业的智能化。

（三）分析与结论

建筑工程行业作为传统行业之一，申请在北交所上市需要说明其是否具备创新属性。发行人对反馈进行回复后，审核部门在后续反馈问题中，又针对发行人的创新特征问题进行了询问，主要内容如下。

根据问询回复，发行人属土木工程建筑业，请发行人列表披露公司每项核心技术、发明专利、研究成果所应用的具体项目，说明公司核心技术、发明专利、研究成果对经营业绩的贡献程度及提升作用；报告期各期研发费用均为零能否体现公司的研发创新能力，如何体现研发创新在公司经营中的重要性，能否体现公司的创新特征；说明公司如何实现传统产业的转型升级。

2022 年 7 月，发行人终止了上市申请流程，暂未通过上市审核。

四、传统企业与转型升级：银山股份（872247）

（一）审核问题

补充披露特种棉浆的生产是否存在自动化程度较低的情形，所处行业及主要产品是否存在产能过剩的情形，分析发行人如何实现传统产业的转型升级。

（二）发行人回复

公司的特种棉浆传统工艺生产线经过不断的自动化改造后，大量使用了变频、光电、计算机、PLC 模块控制，目前从原料到成品的生产过程已经做到了自动化生产。同时，公司对传统生产线的技术改造持续投入，以持续提升其自动化、机械化水平。公司传统工艺生产线具备相应的自动化水平，并且公司持续对传统生产线进行技术改造投入。传统工艺生产线由于投入时间早、购置金额高，目前形成的产能较大，是公司特种棉浆产品的主要生产方式。在传统工艺生产线自动化水平不断提升、生产能力足够维持公司正常发展的情况下，继续保留传统工艺生产线具有合理性。国内特种棉浆的生产工艺主要为传统生产工艺和贝维斯生产工艺。行业内的公司都是在传统生产工艺的基础上持续改进自动化水平，并逐步引入贝维斯生产工艺。因此，公司特种棉浆生产线的自动化水平符合行业发展趋势及同行业公司情况。

特种棉浆在生产工序、主要污染环节和污染程度方面都与造纸工业有明显区别。由于特种棉浆和造纸工业使用的原材料不同，其所含的杂质含量和种类不同，因而蒸煮的碱用量、漂白剂也不相同，最终产生的污染物含量、处理方式有明显区别。因此，特种棉浆在生产过程中产生的 COD、色度、BOD、悬浮物等主要污染物含量均大幅低于造纸行业。经核对《产业结构调整指导目录（2019 年本）》，公司所处行业及主要产品不属于其规定的限制类或淘汰类产业，不存在产能过剩的情形。

公司的主营业务是棉花行业中的棉花纤维深加工。不同于传统的纸浆生产公司，公司在传统行业的转型升级体现在以下四个方面。

（1）不断加强自身技术实力，提升产品利润水平。公司形成了 4 项与特种棉浆相关的核心技术，并取得 3 项发明专利，21 项实用新型专利，在特种棉浆生产领域具有较强的技术实力。

（2）生产工艺的自动化程度不断提高，公司持续对特种棉浆的传统工艺生产线进行自动化改造，大量使用了变频、光电、计算机、PLC 模块控制，目前从原料到成品的生产过程已经做到了自动化生产。

（3）持续拓展棉纤维的深加工产业链，丰富公司产品类型。通过本次募投项目的顺利实施，公司将在棉纤维深加工领域继续拓展，丰富公司的产品类型。

（4）注重节约成本和保护环境。经比对，公司特种棉浆生产过程中的耗水量、主要污染物含量均明显低于造纸行业。

（三）分析与结论

发行人认为，特种棉浆的生产不存在自动化程度较低的情形，与行业发展趋势及同行业公司情况相符。审核部门在后续反馈问题中，又问到了创新性相关问题，问题内容如下。

根据申报材料及问询回复文件，公司现有生产线中包含一条传统工艺生产线、一条国产贝维斯工艺生产线，公司于 2019 年采购贝维斯主体设备。截至报告期末，公司的贝维斯生产线建设项目尚未开工，尚未进入建设阶段。公司经过多年生产实践和研发投入，形成了生产特种棉浆产品的四大核心技术。

请发行人补充披露报告期各期各条生产线的产品产量及产能利用情况，贝维斯生产线相较于传统工艺生产线在技术及生产工艺等方面的突破点和创新性；进一步说明发行人在特种棉浆生产技术方面的创新性通过何种方式实现，发行人是否具有研发优势，是否通过购买贝维斯生产线的方式实现生产工艺的提升。

2022 年 3 月，发行人终止了上市申请流程，暂未通过上市审核。

五、传统企业与技术创新：汇群中药（832513）

（一）审核问题

中药饮片行业因其特殊性，核心技术体现在中药炮制过程中，主要是中药饮片炮制技术和炮制器械的研究。发行人是否可以依靠自身技术人员、设备、平台独立实现；通过受让取得发明专利牛白藤治疗疾病的原因及合理性，与核心技术的对应关系；在中药炮制过程中技术创新性、先进性的具体体现。

（二）发行人回复及中介机构核查

发行人有赖于自身的研发体系，如姜蒸厚朴炮炙及配伍技术、制何首乌炮制技术、余甘子多糖的制备方法等技术，由研发人员根据发行人生产过程中的技术积累逐渐研发而成，相关核心专利均为公司原始取得，可依靠发行人自身技术人员、设备、平台独立实现。

牛白藤相关技术目前还处于研发和知识产权保护阶段，尚未在公司主要产品中进行具体应用，公司目前主营业务未依赖于该项发明。公司通过受让取得牛白藤治疗疾病的发明专利，公司认为牛白藤系潮汕当地特色植物，可用于药品、保健食品的加工制作，且市场上并无同行业企业具有该产品的创新开发和商业化经营，其抗肿瘤作用具有较高科技成果转化的可行性和潜在商业价值，作为公司围绕中药饮片炮制工艺技术“继承”和“创新”所延伸的技术储备，未来该技术成熟后可以用于中成药及健康食品，具有商业合理性。

有关创新性的体现：公司使用姜蒸厚朴炮炙及配伍技术、制何首乌炮制技术、余甘子多糖的制备方法后，关键性指标均优于药典规范，相关炮制技术的创新性、先进性具体体现在中药炮制过程中，贯穿净制、浸润、切制、炮制、干燥、筛选、包装等工艺流程。

（三）分析与结论

北交所定位于服务创新型企业，申报材料对创新性的披露具有相关要求。发行人在本次反馈中对创新性问题进行回复后，审核部门在后续反馈中，再次进行了询问，可以看出对此问题的关注。问题主要内容如下。

根据前次问询回复，中药饮片行业的创新性及先进性具体体现在中药炮制过程中，主要分为净制、浸润、切制、炮制、干燥、筛选、包装等工艺流程。请发行人结合上述炮制技术及其他核心技术，披露发行人与同行业平均水平及可比公司的量化比较情况，并披露哪些属于行业共性技术，哪些属于公司特有技术；对于公司特有技术，详细披露公司核心技术的独特性、创新性、突破点。

2022 年 3 月，发行人终止了上市申请流程，暂未通过上市审核。

六、是否具备创新性及成长空间：嘉缘花木(871181)

（一）审核问题

根据首轮回复文件，发行人主要在云南省开展业务，与同行业上市公司相比，竞争优势不明显。发行人现有研发体系如何体现研发能力，能否支撑公司的持续创新，与可比公司相比是否具备优势。

（二）发行人回复

公司及子公司是国家高新技术企业。2020年6月，公司被评为“云南省创新型企业”。2021年12月，公司被列入云南省专精特新“小巨人”企业拟公示名单。2021年6月，公司全资子公司碧美市政被评为“科技型中小企业”；工业和信息化部公布2020年企业典型案例名单，确定80个案例，公司“金蝶云星空·云之家”案例是云南省唯一入选案例。就公司在云南省内园林企业的地位而言，目前具有较大的优势地位。

与同区域可比公司相比，公司在品牌知名度、技术经验、团队人才、管理能力等方面具有竞争优势。自成立以来，公司专注主业，重视企业社会责任，赢得广大客户及其他合作伙伴的信任和支持。报告期内，公司业绩虽有波动，但始终朝着健康和正确的方向发展，未来的可持续发展具有较强的业务基础。2021年1—11月，公司新签合同（或中标）金额达5.35亿元，创造近年来最高水平。公司具备持续获取订单的能力。

公司在管理模式、工程技术和施工方法、技术创新与研发等方面具有创新性。公司符合创新型实体企业特征。

（三）分析与结论

北交所定位于服务创新型企业，申报材料对创新性的披露具有相关要求。发行人本次反馈中对创新性问题进行回复后，审核部门在后续反馈中，再次进行了询问，可以看出对此问题的关注。问题主要内容如下。

2021年，发行人新开展的研发投入较大的研发项目较少，研发费用下降较多。请发行人结合园林业务资质取消等情况，说明行业内竞争要素变化对发行人研发创新能力的影响；结合研发人员、专利、研发投入等情况，说明发行人现有研发体系如何体现研发能力，能否支撑公司持续创新，与可比公司相比是否具备优势，如何体现研发创新在生产经营中的重要性，发行人是否具备创新性特征，是否符合北交所定位。

2022年5月，发行人终止了上市申请流程，暂未通过上市审核。

七、上市标准变更：奥迪威(832491)

（一）审核问题

发行人因更新财务报告，申请变更上市标准。请发行人补充披露变更上市标准的原因，并结合2021年度及期后经营情况，分析说明是否满足发行上市条件。

（二）发行人回复

1. 变更上市标准的原因

根据《北京证券交易所股票上市规则》的规定，公司申报时选择的上市标准为："预计市值不低于4亿元，最近两年营业收入平均不低于1亿元，且最近一年营业收入增长率不低于30%，最近一年经营活动产生的现金流量净额为正。"

根据会计师事务所出具的审计报告，公司2020年的营业收入为33552.87万元，2021年的营业收入为41602.58万元，较2020年增长23.99%，公司最近一年营业收入增长率未达到30%。

2. 变更后的上市标准

根据《北京证券交易所股票上市规则》的规定，公司选择的变更后的上市标准为："预计市值不低于2亿元，最近两年净利润不低于1500万元且加权平均净资产收益率不低于8%，或者最近一年净利润不低于2500万元且加权平均净资产收益率不低于8%。"

根据可比公司估值水平、公司最近的市值情况及会计师出具的审计报告，公司2021年归属于母公司股东的净利润为5976.47万元，加权平均净资产收益率为11.23%；扣除非经常性损益后归属于母公司股东的净利润为5442.72万元，加权平均净资产收益率为10.23%，满足变更后的上市标准。

（三）分析与结论

公司更新年度财务报告后不再符合申报时选定的上市标准的，需变更为其他标准，变更标准不影响上市申报。

2022 年 6 月，发行人在北交所成功上市。

八、说明行业分类的准确性：荣亿精密（873223）

（一）审核问题

结合产品结构等情况进一步分析说明行业分类是否准确，是否与同行业公司相一致。

（二）发行人回复

发行人主营业务为精密金属零部件加工，从工艺路线角度考虑，公司产品主要采用车削、冲压、冷镦等金属零部件加工技术，属于机械零部件加工（行业代码：C3484）行业范围；从主要应用领域来看，公司所属行业为计算机、通信和其他电子设备制造业（行业代码：C39），汽车制造业（行业代码：C36）中的汽车零部件及配件制造（行业代码：C3660），以及通用设备制造业（行业代码：C34）中的紧固件制造（行业代码：C3482）。

根据中国证监会发布的《上市公司行业分类指引》（2012 年修订），公司所处行业为“制造业”中的“通用设备制造业”（行业代码：C34）。根据《国民经济行业分类》（GB/T 4754—2017），公司所处行业为“制造业：通用设备制造业”中的“通用零部件制造：紧固件制造”（行业代码：C3482）。根据股转公司发布的《挂牌公司管理型行业分类指引》的规定，公司所属行业为“制造业：通用设备制造业”中的“通用零部件制造：紧固件制造”（行业代码：C3482）。按产品用途分类，公司所属行业分别为计算机、通信和其他电子设备制造业（行业代码：C39）、汽车制造业（行业代码：C36）及通用设备制造业（行业代码：C34）。

报告期内，发行人精密紧固件产品占比超过80%，按照中国证监会《上市公司行业分类指引》之“当上市公司某类业务的营业收入比重大于或等于50%，则将其划入该业务相对应的行业”，发行人行业分类属于紧固件制造行业，与同行业紧固件公司的行业分类保持一致。

发行人产品中包含紧固件，紧固件有标准件和非标准件之分，标准件具有统一的技术标准，不需要客户专门认定，通用性强且使用量大，因此标准件通常是按照对市场需求的预测来组织生产和销售。近年来，随着3C、新能源汽车、医疗、航空等新兴市场需求的出现，各种新型紧固件层出不穷，市场对非标准件的需求越来越大。非标准件通常用于特定的行业或者用途，具有专用性的特点，一般需要在取得配套企业的认可、签订技术和商务合同之后，才能按合同要求组织生产和销售，因此非标准件产品通常实行的是“以销定产”的经营模式。公司对标准件和非标准件的区分标准符合行业惯例。

（三）分析与结论

发行人已将所属行业修订为“通用零部件制造：紧固件制造”（行业代码：C3482），与同行业公司相一致；发行人对标准件和非标准件的区分标准符合行业惯例。

2022年6月，发行人在北交所成功上市。

九、是否属于产能过剩行业：科创新材（833580）

（一）审核问题

结合主营业务产品的特征及相关行业政策文件，详细说明发行人不属于产能过剩行业以及属于鼓励类行业的依据，是否需要并取得有权机关的证明文件。

（二）发行人回复

国务院《促进产业结构调整暂行规定》（国发〔2005〕40 号）第十三条规定，《产业结构调整指导目录》由鼓励、限制和淘汰三类目录组成。不属于鼓励类、限制类和淘汰类，且符合国家有关法律、法规和政策规定的，为允许类，允许类不列入《产业结构调整指导目录》。

发行人的主营业务是钢铁、有色金属等工业用耐火材料的研发、生产和销售，自 2002 年 9 月成立以来，发行人深耕于功能耐火材料新技术与新产品的开发、应用及推广，已成为国内重要的功能耐火材料供应商。发行人生产的功能耐火材料是连铸用钢包和中间包必不可少的关键功能耐火材料，符合《产业结构调整指导目录（2019 年本）》所列举的“精炼钢用低碳、无碳耐火材料和高效连铸用功能环保性耐火材料生产工艺”鼓励类产业的材料，不属于《产业结构调整指导目录（2019 年本）》中的限制类、淘汰类产业的材料。

发行人复合材料生产线募投项目已取得《河南省企业投资项目备案证明》（项目代码：2020-410323-30-03-090189），项目建设生产精炼钢包用镁尖晶石复合材料及 RH 精炼炉用镁尖晶石复合材料，符合《产业结构调整指导目录（2019 年本）》所列举的“精炼钢用低碳、无碳耐火材料和高效连铸用功能环保性耐火材料生产工艺”鼓励类产业的材料。

根据《国务院关于进一步加强淘汰落后产能工作的通知》（国发〔2010〕7 号）和《两部门联合公告 2015 年各地区淘汰落后和过剩产能目标任务完成情况》（2016 年第 50 号），16 个淘汰落后和过剩产能行业为电力、煤炭、炼铁、炼钢、焦炭、铁合金、电石、电解铝、铜冶炼、铅冶炼、水泥（熟料及磨机）、平板玻璃、造纸、制革、印染、铅蓄电池（极板及组装）。

按照《国民经济行业分类》（GB/T 4754—2017），发行人生产经营和募投项目所属行业为“C3089 耐火陶瓷制品及其他耐火材料制造”，不属于上述 16 个淘汰落后和过剩产能行业。

耐火材料行业虽然存在产能过剩，但主要是普通耐火材料产能过剩，功能耐火材料的技术含量显著高于普通耐火材料，且作为适应精炼钢、特种钢等高端钢铁产品的重要元件，未来有较好的发展前景，不属于产能过剩行业。

（三）分析与结论

发行人产品属于鼓励类产品，不属于限制类或淘汰类产品，发行人的生产经营和产品符合国家产业政策，不存在行业限制。

2022 年 5 月，发行人在北交所成功上市。

十、是否属于限制类产能：七丰精工（873169）

（一）审核问题

结合《产业结构调整指导目录（2019 年本）》相关规定、行业惯例及行业相关标准补充说明发行人 8.8 级以下标准紧固件产品不属于“普通”“低档”产品的事实、理由和具体依据。

（二）发行人回复

《产业结构调整指导目录（2019 年本）》将“8.8 级以下普通低档标准紧固件制造项目”列为“限制类”产能。紧固件行业习惯将螺栓性能等级高于 8.8 级（含）的紧固件称为“高强度紧固件”，将螺栓性能等级低于 8.8 级的紧固件称为“普通强度紧固件”。

公司该类产品虽为 8.8 级以下标准紧固件，但客户采购前需对生产企业进行严格考察、认证，由企业试制样品交由客户试装，验证合格后方进行批量采购，且客户对产品的批次管理、售后服务、质量追溯等均具有严格要求。因此，依据行业惯例，该类 8.8 级以下产品虽属于普通强度紧固件，但并非随时能够从市场上获取的普遍、通用、常见紧固件。

公司生产的 8.8 级以下标准紧固件主要应用于防震建筑、电力设施、基础设施建设等关键结构连接部位，对紧固件的延伸性与韧性具有较高要求，而随着紧固件性能等级增加，其韧性相应减弱而脆性提升，难以满足对于脆性较敏感的连接部位的使用要求。公司该类紧固件产品良好的韧性能满足脆性敏感部位的紧固件连接需求，多应用于与人身安全、公共安全密切相关的建筑物，产品质量要求严格，不属于质量低劣、可替代性强的低档产品。

发行人已取得浙江省紧固件协会出具的说明，确认公司“现有部分 8.8 级以下标准紧固件，需经过严格的试制、验证、考核流程后方能进行批量供货，并非市场上普遍、通用的常见产品；公司 8.8 级以下标准紧固件应用于防震建筑、电力设施等关键结构连接部位，对紧固件的延伸性与韧性有较高要求；该类紧固件能够较好满足脆性较敏感的连接部位的使用要求，且下游应用领域与人身安全或公共安全密切相关，质量要求严格，不应认定为‘普通’‘低档’产品”。

发行人已取得海盐县经济和信息化局出具的说明，证明公司现有产能所涉建设项目“均依法履行了必要的批准、备案手续，现有产能不属于《产业结构调整指导目录（2019 年本）》中的‘8.8 级以下普通低档标准紧固件制造项目’限制类目录，也不属于该目录中的其他限制或淘汰类目录”。

因此，公司 8.8 级以下标准紧固件产品不属于“普通”“低档”产品具有一定的事实基础、理由及依据。

（三）分析与结论

根据发行人自身说明，并结合浙江省紧固件协会及海盐县经济和信息化局出具的相关文件，公司产品不属于限制类产能。

2022 年 4 月，发行人在北交所成功上市。

十一、未决诉讼对发行人的影响：优机股份(833943)

（一）审核问题

说明涉诉商业秘密是否涉及发行人核心产品及重要客户，对发行人生产经营的影响程度，是否构成重大不利影响。

（二）发行人回复

发行人披露了诉讼进展情况，其中，明宇科技系陈立娟、林之丽于2018年6月成立的企业，明宇科技利用获取的商业秘密，通过不正当方式使得西班牙新梦欧等与发行人保持长期稳定合作关系的客户与之建立交易关系，导致发行人与相关客户的潜在订单流失，损害了发行人的合法利益。诉讼中的商业秘密涉及西班牙新梦欧等发行人重要客户及部分主要产品，但不涉及发行人的核心专利技术。明宇科技起诉发行人、欧毅案件中明宇科技主张的不正当竞争行为缺乏有效依据，明宇科技主张的可得利益损失缺乏有效依据和合理性，关于可得利益损失的主张得到法院支持的概率极低。

发行人为杜绝今后商业秘密被侵害的情况再次发生，进一步建立和完善了商业秘密保护机制，修订了《保密管理制度》等内控管理制度，并加强了对员工日常商业秘密保护的培训，以实现对公司商业秘密的有效保护。

发行人的控股股东、实际控制人罗辑、欧毅做出承诺，若优机股份在案件中败诉并承担赔偿责任，其将以现金方式补偿优机股份因此遭受的全部损失。如发行人及欧毅在案件中败诉，赔偿金额最大估计数为620万元。控股股东、实际控制人罗辑、欧毅持有足够覆盖上述赔偿金额的存款、二级市场股票及理财产品等较强变现能力的金融资产，具备较强的赔付能力，实际控制人对出具的承诺具备实际的履行能力，履行承诺不会导致其二人持有的公司股权受到影响，不会影响公司的控制权稳定。

（三）分析与结论

发行人对诉讼案件进展进行了披露，对判决结果进行预测，在赔偿金额最大估计数下，控股股东、实际控制人罗辑、欧毅具有相应赔偿能力，履行承诺不影响公司的控制权稳定。

2022 年 6 月，发行人在北交所成功上市。

十二、银行账户冻结对发行人生产经营的影响：科创新材（833580）

（一）审核问题

发行人因与某公司存在买卖合同纠纷，被申请诉讼保全措施，目前法院裁定冻结金额共计 300 万元。此是否属于重大诉讼或仲裁事项，对发行人生产经营有何具体影响。

（二）发行人回复

发行人部分银行存款于 2021 年 12 月 24 日被冻结，经向银行查询，系诉讼案件申请保全所致，发行人存款被冻结。经查询，原告公司于 2021 年 12 月 16 日就双方合同纠纷起诉发行人，发行人作为被告与该公司产生合同纠纷，发行人已积极应诉。

另外，发行人作为原告与该公司的其他合同纠纷，发行人已另行提起诉讼主张对方支付承包款项，案件已启动诉讼程序，尚未判决。

发行人作为被告的诉讼所涉及的冻结公司银行存款并未给公司造成实际损失，并未影响到公司的正常运营，涉案金额占发行人 2021 年的营业收入均不超过 1.96%、占净资产的比重均不超过 1.11%，因此涉诉金额较小，不会对发行人持续生产经营能力造成重大影响，不属于影响发行人持续生产经营的重大诉讼，不构成发行上市的实质性法律障碍。

（三）分析与结论

发行人涉诉金额较小，不影响其持续生产经营能力，不构成发行上市的实质性法律障碍。

2022 年 5 月，发行人在北交所成功上市。

十三、产能扩张是否需重新履行环评审批：东立科技（835193）

（一）审核问题

公司的产能扩张是否符合《中华人民共和国长江保护法》等环保相关法律法规要求及当地的相关政策要求，目前项目仍未完全取得土地、环评、安全等相关部门审批的原因及后续的审批风险。持续超产能生产是否需要重新履行环评手续。

（二）发行人回复

根据 2021 年 3 月 1 日施行的《中华人民共和国长江保护法》第二十六条“禁止在长江干支流岸线一公里范围内新建、扩建化工园区和化工项目”的规定，在长江干支流岸线一公里范围内新建、扩建化工园区和化工项目将无法取得项目投资备案手续，东立新材料目前已经完成固定资产投资项目备案（川投资备［2106－510499－04－01－630231］FGQB－0046 号）。根据《攀枝花市加强国家产业政策向导促进新型工业化发展的项目指导目录（2006）》，本项目不属于淘汰类、限制类项目，属于允许类项目。同时，项目采用的工艺技术、设备设施均不属于限制类和淘汰类。本项目符合国家现行产业政策和攀枝花市产业导向。因此，东立新材料“50 万吨硫酸亚铁固废资源综合利用项目一期工程项目”符合《中华人民共和国长江保护法》等环保相关法律法规要求及当地的相关政策要求。

2021年9月9日，发行人通过公开“招、拍、挂”竞得项目建设用地的土地使用权，现已取得该宗土地的使用权证书：川（2021）攀枝花市不动产权第0047327号《不动产权证书》。此外，新项目已通过节能评估并于2021年9月29日取得项目建设的《建设用地规划许可证》。

2021年9月3日，发行人取得攀枝花市应急管理局出具的《危险化学品建设项目安全条件审查意见书》（攀应急危化项目安条审字〔2021〕15号），项目已通过安全条件审查。

公司提交的《攀枝花东立新材料有限公司50万吨硫酸亚铁固废资源综合利用项目一期工程项目环境影响报告书（送审稿）》已完成公示和市生态环境局初审，待完成修订后再次提交审核。

发行人新项目已取得项目建设用地，通过规划、节能评估以及安全部门的审批，环评工作正常进行，预计不能通过环评审批的风险较低。

2020年初，受新冠肺炎疫情影响，为稳定员工队伍，公司员工春节期间不休假，在严格做好防疫管控的前提下，保持生产装置连续运营；疫情初步遏制后，为积极响应国家复工复产、稳岗扩岗的号召，公司在确保安全环保的前提下，保持生产装置长周期均衡稳定运转。公司在增加生产装置的运行天数、提高现有生产装置利用率的情况下，实际产能超出设计产能41.6%，报告期内其他年度，公司超产比例均在30%以内。经测算，公司超产比例超过30%的情形对公司营业利润影响较小，在发行人正常生产情况下依然能够满足上市条件，不存在突击提升业绩的情况。

根据攀枝花市生态环境局于2021年1月12日出具的证明函，自2018年1月1日起至证明函出具之日，东立科技能够遵守环保相关法律、法规及规范性文件的要求，污染物排放总量和范围符合规定，未发生重大环境污染事故，不存在环境保护方面的重大违法违规行为，不存在因违反环保法律法规而受到重大行政处罚的情形。发行人该条硫酸生产线自2019年实施“硫酸亚铁掺烧硫精砂清洁生产节能改造项目”后（已履行完项目备案、环评、审批及环保验收等程序），不存在新增设施设备、再次技术改造等使产能和处置能力提升的情况，不存在其他按照《中华人民共和国环境影响评价法》以及《污染影响类建设项目重大变动清单（试行）》规定需要重新进行环评的情形。

（三）分析与结论

发行人论述了超产经营的原因以及对经营业绩的影响，超涉及设计产能不属于需要重新环评的范围。审核部门在后续反馈过程中，对此进行了进一步反馈，主要内容如下。

请发行人列表披露自2021年以来每个月的实际产能，说明是否存在超设计产能生产危化品的情形；说明攀枝花市生态环境局出具的证明函及其证明目的是否符合惯例，相关依据是否充分，是否能够说明发行人无须重新履行环评手续；说明生产经营过程中是否严格遵守了环境保护、安全生产相关法律法规，是否存在重大违法违规的情形，是否存在受到行政处罚的情形及潜在风险；说明未按要求回复前次问询问题的原因，明确说明发行人报告期内的超产事项是否可能导致发行人重新履行环评手续，是否对发行人的生产经营存在重大不利影响。

2022年3月，发行人终止了上市申请流程，暂未通过上市审核。

十四、是否涉嫌商业贿赂：灿能电力（870299）

（一）审核问题

核查发行人的资金流水，说明是否存在商业贿赂的情形。

（二）发行人回复

报告期内，公司销售人员开展的销售工作按照销售区域进行划分，未按照客户对象进行划分，各区域销售人员既负责电网客户也负责非电网客户，无法分出电网和非电网客户的销售费用。从报告期内各销售区域的职工薪酬、差旅费、业务招待费发生额、占订单额比来看，不存在异常支出。

券商和会计师对发行人及子公司，发行人控股股东，实际控制人及其配偶、成年子女，持股5%以上的股东、非独立董事、监事、高级管理人员，其他关联方，财务人员的银行账户进行全面核查，同时抽查了11名主要销售人员的银行账户资金流水情况，该11名销售人员业绩覆盖公司全部订单的50%以上，此部分销售人员具有较强的代表性。经核查，券商和会计师认为，发行人不存在体外资金循环形成销售回款、承担成本费用或其他利益输送的情形；不存在相关个人及关联方为发行人承担成本或代垫费用的情形；流水核查工作是在综合评估发行人的内控制度设置、规范运作水平、主要财务数据变动趋势及所处经营环境等基础上进行的。同时，关于是否存在商业贿赂，除了直接核查其流水外，券商和会计师结合其他核查手段，如对发行人的业务招待费进行核查，对发行人客户、供应商进行走访确认是否存在利益往来，其中客户走访比例为60%~64%，供应商走访比例为70%~80%；对网络检索发行人及相关人员是否存在商业贿赂等违规行为、获取发行人及上述人员不存在商业贿赂的承诺函等核查程序进行了核查。

（三）分析与结论

对自然人流水的核查范围不仅包括实际控制人及其配偶、成年子女，持股5%以上的股东、非独立董事、监事、高级管理人员，更覆盖了财务人员及主要销售人员，能够达到流水核查目的，可以支持发行人报告期内不存在商业贿赂的结论。

2022年6月，发行人在北交所成功上市。

十五、社保、公积金缴纳的合规性：荣亿精密（873223）

（一）审核问题

说明应缴未缴社保公积金的原因，测算补缴对发行人净利润的影响，说明是否符合上市条件，说明发行人员工社保、公积金的缴纳是否合法合规。

（二）发行人回复

报告期内，发行人存在部分劳动合同用工应缴未缴社会保险的情况，原因主要包括：部分农村户口员工已缴纳新型农村合作医疗保险及新型农村社会养老保险，自愿放弃在发行人处缴纳社保；新入职员工的社会保险手续尚在办理；部分员工存在原社保缴纳单位欠费的情形，导致发行人暂不能为其缴纳。

发行人存在部分劳动合同用工应缴未缴住房公积金的情况，原因主要包括：部分农村户口员工在户籍所在地拥有宅基地和自建住房，自愿放弃缴纳；新入职员工的住房公积金手续尚在办理。

报告期内，经发行人测算每年需补缴社会保险及住房公积金的合计金额分别为75.24万元、101.10万元、19.47万元和9.31万元；在扣除补缴金额（考虑所得税影响）后，发行人扣除非经常性损益后归属于母公司股东的净利润分别为997.12万元、1780.70万元、2012.49万元和845.64万元。测算补缴社会保险和公积金金额后，发行人最近两年净利润分别为1780.70万元、2012.49万元，加权平均净资产收益率分别为15.70%、16.54%，符合北交所上市标准。

根据海盐县人力资源和社会保障局、嘉兴市住房公积金管理服务中心、重庆市璧山区社会保障事务中心、重庆市住房公积金管理中心璧山区分中心出具的证明，荣亿精密依法办理了社会保险登记并缴纳相关社保费用，报告期内不存在因违反劳动保障法律法规而被行政处罚的情形，不存在因劳动用工、社会保险等方面的纠纷或争议引发的仲裁案件，亦不存在因违反有关住房公积金的法律、法规而受到处罚的情形。

针对公司可能需要补缴社会保险和住房公积金的事项，公司控股股东、实际控制人向公司做出书面承诺，如发行人及其子公司因有关政府部门或司法机关在任何时候认定发行人及其子公司需补缴社会保险（包括养老保险、医疗保险、工伤保险、失业保险、生育保险）和住房公积金，或因社会保险和住房公积金事宜受到处罚，或被任何相关方以任何方式提出有关社会保险费和住房公积金的合法权利要求，其将无条件全额承担有关政府部门或司法机关认定的需由发行人及其子公司补缴的全部社会保险费和住房公积金、罚款或赔偿款项，全额承担被任何相关方以任何方式要求的社会保险费和住房公积金或赔偿款项，以及发行人及其子公司因上述事项所支付的所有相关费用，以确保发行人不因此遭受任何损失，并督促发行人尽快整改到位。

（三）分析与结论

经测算补缴社会保险和公积金后，发行人仍符合北交所上市标准。发行人报告期内不存在因违反劳动保障、社会保险、住房公积金等方面法律、法规及相关规定而受到行政处罚的情形，实际控制人对后续可能需要补缴社会保险和住房公积金事项做出了承诺，因此社会保险和住房公积金事项不会对发行上市构成实质性障碍。

2022 年 6 月，发行人在北交所成功上市。

十六、第三方机构代缴社保及住房公积金：鼎欣科技（870840）

（一）审核问题

说明是否存在由第三方机构为发行人代缴社保及公积金、代发工资的情形，确认代缴与非代缴情形下人均薪酬差异情况，该机构是否需要并已具备相应资质，其与发行人及其实际控制人、董事、监事、高级管理人员、主要客户或供应商等是否存在关联关系、特殊利益安排。

（二）发行人回复

报告期内，除无须缴纳社会保险、住房公积金的员工外，发行人存在未为员工缴纳社会保险和住房公积金的情况，具体包括：①对于当月新入职员工，发行人正在为其办理社会保险、住房公积金缴纳手续；②员工本人申请不在公司缴纳社会保险并自行安排缴纳事宜，或员工自愿放弃缴纳住房公积金；③部分员工的社会保险、住房公积金由第三方机构上海才赋人力资源科技有限公司（以下简称“上海才赋”）、北京易才人力资源顾问有限公司（以下简称“北京易才”）代为缴纳。

上述第①项发行人未缴纳社会保险、住房公积金的情况，未违反相关法律法规规定，无须整改。第②项系该员工结合自身利益诉求而自愿不在公司缴纳社会保险、住房公积金，申请不在公司缴纳社会保险的员工均在他处缴纳社会保险并提供了缴纳证明，也出具了《申请不在公司缴纳社会保险承诺书》，自愿放弃缴纳住房公积金的员工也出具了《申请自愿放弃缴纳住房公积金承诺书》。第③项主要系公司员工实际工作地点分散在全国各地，由于社会保险、住房公积金缴纳实行属地管理，公司委托第三方机构代为缴纳这部分员工的社会保险和住房公积金。

2018 年至 2021 年，发行人委托第三方机构为部分员工代缴社会保险、住房公积金，可能会被相关主管部门认为不符合相关法律法规的规定，存在被社会保险主管部门或住房公积金主管部门责令改正并处以罚款的风险。但鉴于该代缴行为中，发行人最终承担相关代缴费用，已实质履行为员工缴纳社会保险及住房公积金的义务，未损害员工的合法权益；发行人及其分公司、子公司所在地社会保险及住房公积金主管部门已就发行人及其相关主体的社会保险、住房公积金缴纳情况出具了合规证明文件，且发行人主要股东欣合汇荣及其一致行动自然人股东已承诺承担发行人因补缴社会保险或住房公积金而可能发生的全部支出或所受损失。因此，该代缴行为不构成本次发行上市的实质性法律障碍。

根据北京易才、上海才赋提供的营业执照及《人力资源服务许可证》、人力资源服务备案凭证，北京易才、上海才赋均为中国境内有效存续的人力资源服务机构，具备提供相关人力资源服务的资质。发行人与上海才赋进行的关联交易额度均未达到发行人现行有效的《公司章程》《关联交易管理办法》规定的关联交易决策权限中要发行人董事会或股东大会审议通过的标准，故无须履行发行人董事会或股东大会相关决策、审议程序。

公司按照与北京易才、上海才赋所签署协议的约定，按月以银行转账的方式向其支付代缴的社会保险、住房公积金及服务费等相关费用，不存在由北京易才、上海才赋为公司代垫成本费用、调节业绩的情形。

（三）分析与结论

针对第三方机构代缴社会保险、住房公积金事项，发行人进行了充分的论述，审核部门在后续反馈过程中，对于社会保险、住房公积金代缴问题再次进行了提问，针对提问，发行人对相关事项进行了规范。

公司已就委托第三方机构代为缴纳社会保险、住房公积金事项采取了相关规范措施，截至报告期末，公司及其子公司、分公司的大多数员工均由公司自行缴纳社会保险、住房公积金。就截至报告期末仍由第三方机构代为缴纳社会保险、住房公积金的员工，公司已在当地员工人数较多的长春、成都、深圳等地设立了分支机构，并着手在该分支机构聘用行政管理人员，开设社会保险、住房公积金账户，并在开户后逐步由当地分公司为当地员工缴纳社会保险、住房公积金；就其他公司尚未设立分支机构的城市，由于目前当地员工人数较少（大多数不足 10 人），公司将根据业务开展情况适时在相关城市设立分支机构并由分支机构为当地员工缴纳社会保险和住房公积金，实现全体员工均由公司或分支机构为其缴纳社会保险及住房公积金。公司就委托第三方机构代为缴纳社会保险、住房公积金事项采取的相应规范措施合理有效。

2022 年 7 月，发行人终止了上市申请流程，暂未通过上市审核。

十七、劳务分包合规性：嘉缘花木(871181)

（一）审核问题

补充披露并说明无资质分包商的基本情况，与发行人及相关主体是否存在关联关系；说明采用无资质劳务分包商的必要性、合法合规性。

（二）发行人回复及中介机构核查

根据发行人提供的无资质劳务分包商营业执照，保荐机构、律师对部分无资质劳务分包商进行了访谈并查询了天眼查等公开网站，披露了无资质劳务供应商的基本情况。根据保荐机构、律师对发行人董事、监事、高级管理人员进行问卷调查，发行人对供应商关联关系确认并经保荐机构、律师核查，上述无资质劳务分包商均不属于发行人关联方，除昆明春泥园林养护管理有限公司股东普明为发行人股东周玲配偶外，其他无资质劳务分包商与发行人或相关人员之间不存在持股关系。

发行人承接的工程项目所在地遍布云南全省，由于承接的项目所在地较为分散，且部分项目所在地较为偏远，因此发行人多从项目当地选择劳务供应商。针对部分偏远地区，当地劳务供应商可选择范围较小，当地劳务企业大多未取得施工劳务资质。发行人选择的部分劳务供应商虽无资质，但经发行人采供部门了解评估，在相关领域具有项目经验，熟悉项目当地环境，能够迅速组织人员进场施工，可以满足发行人的工期调整等要求。

发行人向不具有业务资质的劳务分包商采购涉嫌违反《中华人民共和国建筑法》第二十九条第三款“禁止总承包单位将工程分包给不具备相应资质条件的单位”。按照《建设工程质量管理条例》第六十二条的规定：“违反本条例规定，承包单位将承包的工程转包或者违法分包的，责令改正，没收违法所得，对勘察、设计单位处合同约定的勘察费、设计费25%以上50%以下的罚款；对施工单位处工程合同价款0.5%以上1%以下的罚款；可以责令停业整顿，降低资质等级；情节严重的，吊销资质证书。”根据上述规定，发行人报告期内向无资质劳务分包商进行劳务分包的行为存在被行政处罚的风险，但报告期内发行人未因向不合规劳务分包商进行采购的行为受到过行政处罚，且发行人已取得住所地主管部门出具的无违法违规行为证明，因此发行人的行为不构成重大违法违规行为。

发行人向不具有业务资质的劳务分包商采购有其必要性，但在保荐机构和律师的辅导及要求下提高了合规意识，为避免法律风险积极整改，寻找并使用有资质的劳务分包商。

（三）分析与结论

发行人对不规范的行为已进行纠正，经中介机构核查后认为，发行人虽然在报告期内存在向无资质劳务分包商进行劳务分包的情况，但发行人向不具有业务资质的劳务分包商进行采购的金额占报告期内总劳务采购金额的比重不到10%，且已采取相应整改措施，未造成工程质量问题，未因此与建设单位发生重大争议或纠纷，也未因此受到行政处罚，发行人与相关分包商亦不存在争议或纠纷，发行人实际控制人已出具承诺承担由此可能带来的损失，不属于重大违法行为，不会对发行人发行上市构成实质障碍。

2022年5月，发行人终止了上市申请流程，暂未通过上市审核。

十八、劳务派遣的合规性：汇群中药（832513）

（一）审核问题

在新冠肺炎疫情的特殊时期，公司2020年2月和3月部分工作日短暂存在劳务派遣员工数量占用工总数比重超过10%的情形，说明采取相应用工方式的必要性、是否构成重大违法违规以及被处罚的风险。

（二）发行人回复及中介机构核查

在新冠肺炎疫情期间，发行人2020年2月和3月个别工作日短暂存在劳务派遣员工数量占用工总数比重超过10%的情形，不符合《劳务派遣暂行规定》第四条规定。此后，随着发行人员工返工和新冠肺炎疫情趋于缓和，发行人再未出现劳务派遣员工数量占用工总数比重超过10%的情形。发行人劳务派遣用工不规范情形已得到规范。

根据汕头市金平区人力资源和社会保障局出具的证明，发行人及其子公司自 2018 年 1 月 1 日至 2021 年 7 月 20 日不存在因违反劳动保障法律法规受到处罚的情形。

因此，发行人报告期内短暂存在劳务派遣员工数量占用工总数比重超过 10%的情形，但已自行纠正，不存在被劳动行政部门责令限期改正而逾期不改正的情形，属于无须给予行政处罚的违规行为。发行人报告期内曾存在的劳务派遣不符合《劳务派遣暂行规定》的情形不属于重大违法行为，不会对发行人本次发行上市构成实质性法律障碍。

发行人与君子公司、汇力公司的资金往来均为劳务派遣相关费用。发行人报告期内劳务派遣所涉金额较小，相关业务真实，不存在利益输送、代垫成本费用、资金体外循环等情形。

（三）分析与结论

发行人对不规范的行为已进行纠正，经中介机构核查后认为，发行人报告期内短暂存在劳务派遣员工数量占用工总数比重超过 10%的情形，但已自行纠正，不存在被劳动行政部门责令限期改正而逾期不改正的情形，属于无须给予行政处罚的违规行为。发行人报告期内曾存在的劳务派遣不符合《劳务派遣暂行规定》的情形不属于重大违法行为，不会对发行人本次发行上市构成实质性法律障碍。另外，发行人报告期内劳务派遣所涉金额较小，相关业务真实，不存在利益输送等情形。

2022 年 3 月，发行人终止了上市申请流程，暂未通过上市审核。

十九、关于持续经营能力的风险提示：捷世智通（430330）

（一）审核问题

说明露申威芯片出让方及成都申威被美国商务部工业和安全局列入“实体清单”后，对发行人芯片业务及其他各项业务带来的具体影响与应对措施，报告期各期采购适用美国《出口管制条例》的产品或技术的情况，相关产品或技术供应受限对发行人生产经营、技术研发的影响，是否对发行人持续经营能力造成重大不利影响，并请结合上述情况揭示具体风险。

（二）发行人回复

2019年6月和2021年4月，美国商务部工业和安全局分别将申威1621芯片的供应商单位D2、申威411芯片生产和申威421芯片版图的授权方单位E以及成都申威列入“实体清单”。单位E作为申威411芯片生产和申威421芯片版图设计的授权方，其拥有申威411芯片、申威421芯片版图设计数据的自主知识产权，且不涉及具体物项的出口、再出口和转运的行为，该项授权不会受到美国商务部工业和安全局的管制；单位D2作为申威1621芯片供应商，其被列入“实体清单”后，并未影响发行人对申威1621芯片的采购，2018—2020年，发行人均有向其采购申威1621芯片。因此，申威芯片出让方被列入“实体清单”并不会影响发行人的芯片业务及其他各项业务。发行人通过芯片服务商向境外芯片生产厂商下单生产申威芯片。由于境外芯片生产厂商存在使用美国技术的情况，故芯片生产存在受美国《出口管制条例》管制而无法在境外生产的风险。

成都申威被列入“实体清单”对发行人其他业务的具体不利影响体现为，共有三家通用元器件供应商因“实体清单”原因停止供货。发行人向上述供应商的采购金额占发行人采购总金额的比重较低，且供应产品为通用元器件，在发行人有采购需求时，易于找到替代供应商提供相关通用元器件产品。因此，成都申威被列入“实体清单”并未对发行人其他业务产生较大不利影响。

针对成都申威被列入“实体清单”的情况，发行人采取的应对措施主要有：加强供应链的国产化、加强自主技术研发，同时，根据中国商务部发布的《阻断外国法律与措施不当域外适用办法》，如果此后中国政府认定美国商务部将成都申威列入“实体清单”存在不当域外适用情形的，则中国商务部可以发布不得承认、不得执行、不得遵守美国商务部关于将成都申威列入“实体清单”的禁令，该禁令将为发行人的采购稳定性提供进一步保障。

（三）分析与结论

针对芯片行业涉及国际贸易竞争的问题，审核问答中对此进行了关注。审核部门在后续反馈中，又针对国产芯片业务开展相关风险揭示不充分、未揭示核心部件依赖境外厂商的风险问题进行了提问，要求充分揭示相关风险。主要内容如下。

发行人通过芯片服务商向境外芯片生产厂商下单生产申威芯片，存在受美国《出口管制条例》管制而无法在境外生产的风险。成都申威与芯片服务商签订的服务合同已延期至 2022 年底。2021 年 9 月，发行人与芯片服务商签订的芯片流片封装项目服务合同尚未排期。若申威 421 系列芯片无法继续正常生产或市场推广情况不达预期，则可能导致申威 421 系列芯片投入的光罩或相关无形资产产生减值的风险。

报告期内，公司非国产嵌入式计算机占主营业务收入的比例均超过 65%，公司核心部件来源于境外厂商的占比较高。补充揭示核心部件依赖境外厂商的风险。

2022 年 3 月，发行人终止了上市申请流程，暂未通过上市审核。

二十、信息披露豁免的合理性：骏创科技(33533)

（一）审核问题

说明以商业秘密为由申请 T 公司信息披露豁免是否符合《北京证券交易所向不特定合格投资者公开发行并上市业务规则适用指引第 1 号》1-30 的规定。

（二）发行人回复

2019 年，发行人与 T 公司签署了框架协议，正式开始合作，其中第 13 条机密信息约定：“保密。买方截至生效日期的相互保密协议形式，或（如适用）双方之间签署的保密协议（NDA）规定了双方在本协议项下的各自保密义务。NDA 的条款特此通过引用并入这些一般条款，即使在 NDA 到期的情况下，双方在 NDA 下的义务也将在本一般条款和每份合同的整个期限内继续有效。”2020 年 8 月 7 日，发行人与 T 公司签署《相互保密协议》。

2021 年 8 月 26 日，发行人董事会秘书姜伟先生就本次发行上市能否披露 T 公司作为发行人的客户、双方之间的合作项目及交易金额等事项发邮件给 T 公司供应商开发和质量主管后，遭到明确拒绝。2022 年 1 月 25 日，发行人在收到北交所《关于苏州骏创汽车科技股份有限公司公开发行股票并在北交所上市申请文件的第二轮审核问询函》后，就发行人是否可以披露与 T 公司合作的相关商务信息发邮件给 T 公司供应商开发和质量主管，再次遭到明确拒绝。

根据《北京证券交易所向不特定合格投资者公开发行并上市业务规则适用指引第 1 号》1-30 中的总体规定：“发行人有充分依据证明拟披露的某些信息涉及国家秘密、商业秘密的，发行人及其保荐机构、证券服务机构应当在提交发行上市申请文件或问询回复时，一并提交关于信息披露豁免的申请文件。”

在提交发行上市申请文件和首轮问询函回复时，发行人已提交了信息豁免披露的申请报告。另外，发行人已提供了相关证据，证明 T 公司的相关信息涉及商业秘密，包括但不限于与客户签署的商务合作协议，并指明关于保密义务的具体条款。

（三）分析与结论

通过双方协议约定以及针对披露事宜的沟通过程来看，发行人本次申请豁免披露 T 公司信息的依据充分。T 公司系发行人重要客户，如果发行人在与 T 公司签订《相互保密协议》且在征询 T 公司意见遭到明确拒绝的情况下仍然公开披露，将违反《中华人民共和国反不正当竞争法》《中华人民共和国民法典》《相互保密协议》等法律法规和协议约定，会对发行人的生产经营造成重大不利影响。

2022 年 5 月，发行人在北交所成功上市。

后　记

2021年9月，习近平总书记在中国国际服务贸易交易会全球服务贸易峰会上致辞时表示，将设立北交所，打造服务创新型中小企业主阵地，从而拉开了北交所快速发展的序幕。

2021年11月，北交所揭牌暨开市仪式举行，备受瞩目的北交所正式开市，81家公司成为首批上市公司。

2022年6月，北交所上市公司数量达到100家，创新型中小企业聚集效应明显。

本书以北交所上市为契机，通过分析北交所上市过程中成功与失败的案例，旨在为读者提供一本清晰、简洁的北交所科普性案例读物，为读者朋友研究上市案例，为企业合规经营提供借鉴参考。

本书在李浩同志的带领下，由长期从事新三板挂牌与北交所上市工作的专业人士撰写而成。本书在编写过程中，也得到了众多社会机构、企业、领导同志和多位专家的鼎力支持，大家在企业发展方向和资本市场路径方面的看法是相似的，希望企业做大做强，通过上市带动企业高质量发展，也为国家和社会的经济发展添砖加瓦。

本书采用的相关资料均从公开渠道获得，如有谬误之处，请及时和我们联系。

最后，在本书出版之际，我们也真诚地感谢各位合作伙伴，以北交所带来的新机遇为契机，共同为我国新时代企业变革和资本市场发展作出应有的贡献。